新しい消費者契約法・消費者裁判手続特例法

解説＋全条文

上原敏夫・松本恒雄［編著］

三省堂

目次

第1部　消費者契約法……1
Ⅰ　改正の概要　1
Ⅱ　消費者契約に関する民事ルール　10
Ⅲ　適格消費者団体　37
Ⅳ　差止請求訴訟　46
第2部　消費者裁判手続特例法……64
Ⅰ　改正の概要　64
Ⅱ　消費者被害の集団的回復のための手続　68
Ⅲ　特定適格消費者団体　83
Ⅳ　消費者団体訴訟等支援法人　91
第3部　法人等による寄附の不当な勧誘の防止等に関する法律……97

○消費者契約法……105
○消費者裁判手続特例法……145
○法人等による寄附の不当な勧誘の防止等に関する法律……224

執筆分担

冒頭解説

上原敏夫・・・第1部Ⅳ、第2部Ⅰ・Ⅱ

松本恒雄・・・第1部Ⅰ～Ⅲ、第2部Ⅲ・Ⅳ、第3部

条文解説

上原敏夫・・・消費者契約法　12条の2、23条、41条～47条

消費者裁判手続特例法　1条～57条、59条～61条、63条～69条

松本恒雄・・・消費者契約法　3条、4条、6条、7条、8条、9条、10条、

第三章第一節、12条～14条、18条～20条、31条、

34条、35条、40条、50条～53条

消費者裁判手続特例法　71条、72条、75条～78条、

80条～82条、84条、88条、89条、

91条～95条、第四章、114条～122条

装丁＝やぶはな　あきお

組版＝大日本法令印刷株式会社

凡例

●内容現在

本書は、令和四年六月一日に公布された「消費者契約法及び消費者の財産的被害の集団的な回復のための民事の裁判手続の特例に関する法律の一部を改正する法律」（法律第五九号）と、令和四年一二月一六日に公布された「消費者契約法及び独立行政法人国民生活センター法の一部を改正する法律」（法律第九九号）を反映しています。

なお、令和四年一二月一六日に公布された「法人等による寄附の不当な勧誘の防止等に関する法律」の全文も巻末に収録しました。

●掲載方法

同改正法により改正のあった条については、各条末尾に以下のような改正履歴を入れています。

〔令四法五九本条改正・条数繰下〕

●解説

書籍冒頭に解説を掲載したほか、同改正法により改正・新設された条のうち、重要なものには、各条のあとに解説を付しました。

第１部　消費者契約法

Ⅰ　改正の概要

令和四（二〇二二）年には、通常国会と臨時国会において二度にわたって改正が行われた。

１　令和四年第一次改正

消費者契約法は、平成一二（二〇〇〇）年に制定され、平成一三（二〇〇一）年から施行されている。令和四（二〇二二）年の通常国会で行われた第一次改正は、主要な改正としては、平成一八（二〇〇六）年改正、平成二八（二〇一六）年改正、平成三〇（二〇一八）年改正に続く、四回目の改正となる。

令和四年第一次改正の主な点は、①意思表示の取消権の追加、②解約料の説明の努力義務の追加、③免責の範囲が不明確な条項の無効、④事業者の努力義務の拡充である。

⑴　意思表示の取消権の追加

契約の申込みまたは承諾の意思表示を取り消すことができる場合として、新たに、勧誘することを告げずに、退去困難な場所に同行して勧誘する場合（四条三項新三号）、相談を行うために電話等で連絡することを威迫する言動を交えて妨害する場合（四条三項新四号）が追加された。新三号は、退去妨害に関する同項二号の拡張型である。

また、契約を締結すれば事業者が負うことになる義務を契約締結前に事業者が履行してしまって、消費者に契約締結への圧力をかける場合の取消権（四条三項旧七号）について、改正前は、「義務の内容の実施」のみが対象であったのが、改正により、「契約の目的物の現状の変更」が加えられた（四条三項新九号）。

⑵　解約料の説明の努力義務の追加

消費者契約の解除の際に消費者が支払うべきものとされている損害賠償額の予定や違約金の定めといった解約料を定める条項に基づいて事業者が消費者に解約料を請求する場合において、消費者からその説明を求められたときは、事業者は算定根拠の概要を説明する努力義務を負うとされた（九条二項）。

また、適格消費者団体は、これらの解約料の総額が契約解除に伴って当該事業者に生じる平均的な損害の額を超えると考える相当な理由がある場合には、事業者に対してその算定根拠を説明するように要請することができるとされた（一二条の四）。

⑶　免責の範囲が不明確な条項の無効

事業者の債務不履行または不法行為に基づく責任の一部を免除する条項であって、重大な過失を除く事業者の過失による行為にのみ適用されることを明らかにしていないものを無効とする規定が追加された（八条三項）。

本来、事業者の損害賠償責任の一部を免除する条項は、事業者の故意または重大な過失による場合は無効であるが（八条一項二号・四号）、この点をあいまいにして事業者に重大な過失がある場合においても、消費者からの損害賠償請求を断念させるように機能するおそれのある条項を無効とするものである。

(4) 事業者の努力義務の拡充

前述の解約料の説明についての努力義務のほかにも、事業者のいくつかの努力義務が追加あるいは拡張されている。

まず、消費者への情報提供の努力義務として、改正前は、「個々の消費者の知識及び経験を考慮し」とされていたのが、「事業者が知ることができた個々の消費者の年齢、心身の状態、知識及び経験を総合的に考慮し」と改正され、勧誘の際の情報提供・説明にあたって事業者が考慮すべき事情が消費者の知識・経験以外にも拡張された（三条一項二号）。

消費者への情報提供の努力義務は、勧誘時のみならず、消費者契約により定められた消費者が有する解除権の行使の際にも、消費者の求めに応じて果たすことが求められている（三条一項四号）。

次に、消費者契約が定型取引合意（民法五四八条の二第一項）に該当する場合において、事業者として消費者が定型約款の内容を容易に知ることができる状態に置く措置を講じている場合を除き、消費者が定型約款の内容の開示請求（民法五四八条の三第一項）を行うために必要な情報を提供する努力義務が定められた（三条一項三号）。

さらに、適格消費者団体から消費者契約法上無効とされる条項を含む消費者契約の条項を開示するように要請された場合に、それに応じるようにすべき努力義務（一二条の三）、適格消費者団体からの差止請求に基づいて必要な措置をとる義務を負う場合において、適格消費者団体から当該義務の履行のために講じた措置の内容を開示するように要請されたときに、そのような要請に応じる努力義務（一二条の五）が定められた。

(5) その他の改正

適格消費者団体の認定を受ける際に提出しなければならない書類が見直された（一四条二項八号）ほか、毎事業年度に学識経験者から業務の遂行状況の調査を受けなければならない義務（旧三一条二項）が廃止されるなど、いくつかの点で改正が行われた。

(6) 施行期日

令和五（二〇二三）年六月一日に施行される。ただし、適格消費者団体の事務に関する改正規定は、令和五年一〇月一日に施行される。

2 令和四年第二次改正

令和四年の臨時国会においては、安倍元首相の銃撃事件の容疑者が霊感商法を行っている宗教団体の信者の宗教二世であったことから、霊感商法による被害救済を強化するための令和四年第二次改正が行われた。

第一に、霊感等による知見の告知の場合の取消権の要件（令和四年第一次改正による四条三項新八号）について、①当該消費者のみならず、その親族に生じる重大な不利益の告知も含むこと、②将来生じる重大な不利益のみならず、現に生じている重大な不利益への不安に乗じる場合も含むこと、③重大な不利益を確実に回避できる旨ではなく、重大な不利益の回避のために当該契約の締結が必要不可欠である旨を告げることへの変更により、消費者による取消しの可能性が広げられた。

第二に、取消権の行使期間について、霊感等による知見の告知の場合に限定して、追認をすることができる時から三年、契約の締結の時から一〇年に延長された（七条一項）。

改正法は、令和五年一月五日から施行されている。

3　令和四年より前の改正

(1)　制定時の内容

平成一二（二〇〇〇）年に制定された時点での消費者契約法は、目的（一条）、定義（二条）、事業者および消費者の努力（三条）、消費者契約の申込みまたはその承諾の意思表示の取消し（四条）、媒介の委託を受けた第三者および代理人（五条）、解釈規定（六条）、取消権の行使期間等（七条）、事業者の損害賠償の責任を免除する条項の無効（八条）、消費者が支払う損害賠償の額を予定する条項等の無効（九条）、消費者の利益を一方的に害する条項の無効（一〇条）、他の法律の適用（一一条）、適用除外（一二条）というシンプルなものであり、事業者・消費者間の契約に適用される民法の特則としての一般ルールという色彩が濃かった。

(2)　平成一八（二〇〇六）年改正

平成一八年改正においては、適格消費者団体による差止請求の制度が導入され、差止請求権の規定（第三章第一節）のみならず、権利行使主体である適格消費者団体の認定や業務、監督関係の規定（第三章第二節）、差止訴訟の手続等に関する規定（第三章第三節）が多数追加され、条文の数が一気に五三か条にまで増加した。

これら以外にも、五条や七条二項について、若干の改正が行われている。

(3)　平成二〇（二〇〇八）年改正

適格消費者団体による差止請求の制度が特定商取引法と景品表示法にも導入されたことに伴い、従前の一二条五項および六項を分離して、一二条の二を新設するとともに、管轄についての四三条二項二号・三号の改正が行われた。

⑷　平成二一（二〇〇九）年改正

平成二一年に消費者庁が設置され、景品表示法が公正取引委員会から消費者庁に移管されたことに伴う若干の文言の修正が行われた。

⑸　平成二五（二〇一三）年改正

平成二五年には、二度にわたり、改正が行われている。

最初の改正は、食品衛生法、農林物資の規格化等に関する法律（旧ＪＡＳ法）、健康増進法から食品表示関係の規定を分離して新たに食品表示法が制定されるにあたって、適格消費者団体による差止請求の制度が導入された。これに伴い、一二条の二の文言が修正されるとともに、管轄に関する四三条二項四号が追加された。

同年の二度目の改正は、消費者の財産的被害の集団的な回復のための民事の裁判手続の特例に関する法律（以下、「消費者裁判手続特例法」と略す）の制定（平成二八年施行）により、特定適格消費者団体の認定等や監督の規定が定められたのに伴い、適格消費者団体の欠格要件等の追加がされた。

⑹　平成二八（二〇一六）年改正

平成二八年には、民事ルール部分について多くの改正が行われた。

㈠　過量な内容の契約の取消し

事業者が、分量、回数、期間の点で、当該消費者にとって通常の分量等を著しく超える過量な内容の契約締結の勧誘をした場合に、消費者は意思表示を取り消すことができるとされた

（四条四項）。すでに特定商取引法には、訪問販売と電話勧誘販売における過量販売についての撤回権・解除権の規定があり（特定商取引法九条の二、二四条の二）、これを一般化したものである。加齢や認知症により判断力の低下した高齢者への勧誘が念頭に置かれた立法であるが、条文上はそのような限定はなく、誤認型勧誘類型とも困惑型勧誘類型とも異なった類型とされている。

(イ)　重要事項の範囲の拡大

誤認による意思表示の取消しの要件としての、重要事項について、「当該消費者の生命、身体、財産その他の重要な利益についての損害又は危険を回避するために通常必要であると判断される事情」についても拡張された（四条五項三号）。

(ウ)　取り消した場合の消費者の返還義務の範囲

消費者が意思表示を取り消した場合において、従来は、消費者は契約の利益が現存しているときのみその額を返還すればよかったが、民法改正案（平成二九年成立）では、受領した物品・役務の代金相当額を返還しなければならなくなる（原状回復義務、民法一二一条の二第一項）。そこで、改正民法の原則とは異なり、消費者契約については、取り消すことができるものであることを契約時に知らなかった消費者は、従来通りの範囲で返還すればよいとの特則が新設された（六条の二）。

(エ)　取消権の行使期間

取消権の行使期間が、追認をできる時から六か月であったのが、一年に延長された（七条一項）。契約締結の時から五年を経過すると取消権を行使できなくなるという点については変更がない。

(オ) 無効となる契約条項の追加と修正

事業者の債務不履行に基づく消費者の契約の解除権や事業者の瑕疵担保責任に基づく契約の解除権をあらかじめ放棄させる条項が無効とされた（八条の二）。また、従来、「民法の規定による責任」の全部免除条項や故意または重大な過失がある場合の一部免除条項が無効とされていたが、「民法の規定による」の部分が削除され、民法以外の法律に基づく事業者の責任についても拡張された（八条一項三号・四号）。

(カ) 一〇条前段に該当する場合の例示

一〇条前段の「民法、商法その他の法律の公の秩序に関しない規定」には、制定法に定めのある場合の規定だけではなく、一般的な法理等も含まれることを明示するために、「消費者の不作為をもって当該消費者が新たな消費者契約の申込み又はその承諾の意思表示をしたものとみなす条項その他の法令中の公の秩序に関しない規定」との文言に修正された。

(7) 平成二九（二〇一七）年改正

適格消費者団体の認定の有効期間が三年から六年に延長された。

また、平成二九年の民法改正（令和二年施行）との関係で、二点が改正された。まず、詐欺による取消しを対抗できない第三者の要件が、「善意」のみだったのが、「善意でかつ過失がない」に改正されたこと（民法九六条三項）に対応して、消費者契約法に基づく取消しを対抗できない第三者の要件も同様に改正された（四条六項）。

さらに、民法において従来の瑕疵担保責任の規定が、契約責任の一部としての契約不適合責任に改正された（民法五六二条〜五六四条）ことに伴い、消費者契約法八条一項五号が削除されるとともに、八条二項の文言が修正された。

⑻ 平成三〇（二〇一八）年改正

成年年齢を二〇歳から一八歳に引き下げる民法改正（令和四年施行）にあわせて、未成年者取消権による保護（民法五条）を受けられなくなる一八歳〜一九歳の若年成人が被害者となりやすい一定の種類の不当な勧誘から若年成人を保護することを主なねらいとして改正が行われた。

㈠ 取消しが可能となる困惑型勧誘類型の追加

消費者が契約の申込みまたは承諾の意思表示を取り消すことができる困惑型勧誘類型として、若年者に特有の被害に配慮して、社会生活上の経験不足を不当に利用した不安をあおる告知（四条三項三号、令和四年第一次改正で同項五号）と恋愛感情等に乗じた人間関係の濫用（同項四号、令和四年第一次改正で同項六号）が追加された。

若年者に限らず、成人や高齢者も不安につけ込まれ、あるいは不安に陥れられて、消費者契約を締結させられた場合には救済されるべきであるとして、国会審議の場で、加齢や心身の故障による判断力の低下により、生計や健康の維持に過大な不安を抱いている者の不安につけ込む勧誘（四条三項五号、令和四年第一次改正で同項七号）と霊感その他の合理的に実証することが不可能な特別の能力による知見の告知（四条三項六号、令和四年第一次改正で同項八号）が追加された。

さらに、契約の締結前に事業者が契約上の債務の内容の全部または一部を実施し、原状回復を困難にした場合にも、取消権が認められた（四条三項七号、令和四年第一次改正で同項九号）。同様に、消費者からの求めもないのに、事業者が契約締結前に契約の締結を目指した事業活動を実施し、その損失の補償を請求する旨を告知する場合にも取消権が認められた（四条三項八号、令和四年第一次改正で同項一〇号）。

(イ) 不利益事実の不告知に関する要件の緩和

不利益事実の不告知を理由にして取り消すことができる場合の要件が、従来は、事業者が故意に告げなかった場合に限定されていたのが、重大な過失によって告げなかった場合にまで拡張された（四条二項）。

(ウ) 無効となる契約条項の追加

事業者の損害賠償責任の有無を決定する権限や事業者に故意または重大な過失がある場合に賠償額の限度を決定する権限を事業者に付与する条項が、無効となる契約条項として追加された（八条）。同様に、事業者の債務不履行を理由とする消費者の解除権の有無を決定する権限を事業者に付与する条項も無効とされた（八条の二）。

さらに、消費者が後見開始等の審判を受けたことのみを理由として事業者に解除権を与える条項も無効とされた（八条の三）。

(エ) その他の改正

事業者の努力義務としての契約条項の作成にあたっての配慮と消費者への情報提供の内容が少し詳細になった（三条一項）。

Ⅱ　消費者契約に関する民事ルール

1　消費者契約法の民事ルールの目的と内容

消費者契約法が平成一二年に制定されるまで、わが国では、何か大きな消費者問題が起こるたびに、その特定の商法や業種を規制するための個別業法ないし規制法が制定されてきた。これらの法律の大部分は、ある特定の業界に属する事業者に免許、許可、登録、届出等の義務を負わせ、また表示規制や行為規制をかけ、その業界を監督する行政官庁に規制のための一定の権限を与える行政法（業法）といわれるタイプの法律である。

これに対して、消費者契約法の最大の特徴は、すべての消費者契約に適用される民事ルールという点にある。民事ルールとは、私人間の権利義務関係を定めたルールであり、そのルールに従って、契約の成立が認められなかったり、無効になったり、取り消しが可能になったり、解除権が発生したり、履行を拒めたり、損害賠償の義務が発生したりするものである。

消費者契約法は、従来の行政主導の消費者保護法を、規制緩和の時代にふさわしい、市場志向の消費者法へと変えていくものとして、欠陥製品の製造業者の責任を定めた製造物責任法（平成六年制定）に次ぐものと位置づけられている。

民事ルールの中でも、民法は、すべての私人間の契約に適用される基本的な法律であるが、契約当事者の間での情報格差や交渉力格差を考慮に入れずに、対等平等の者としてルールを組み立てている。そのため、情報の量や質、あるいは交渉力に劣る消費者が結果的に不利益を押しつけられても、法的救済は容易ではないという状況が続いてきた。

消費者契約法は、このような事業者と消費者との間の構造的格差を正面から認めて、事業者がその格差を不当に利用して消費者との契約を締結した場合に、消費者に意思表示の取消権を与えるとともに、事業者に一方的に有利または消費者に一方的に不利な内容の不当な契約条項を定めた場合に、そのような契約条項を無効とするものである。さらに、適格消費者団体に、消費者契約法に定められた不当な勧誘行為や不当な契約条項を含む契約の締結行為を事業者が行わないように求める権利（差止請求権）を認めている。

2 消費者契約法が適用される取引の範囲

消費者契約法が適用される「消費者契約」とは、消費者と事業者との間で締結される契約をいう（二条三項）。ここで「消費者」とは、「個人（事業として又は事業のために契約の当事者となる場合におけるものを除く）」（同条一項）、「事業者」とは、「法人その他の団体及び事業として又は事業のために契約の当事者となる場合における個人」（同条二項）をいうとされている。この定義のままでは、労働契約も入るので、労働契約は適用除外とされる（四八条）。これは、労働力市場と消費者用市場ではその性質に違いがあることに加え、労働契約における特別の民事ルールとしては労働基準法等がすでに整備がされていたからである。消費者契約法の適用については、労働契約以外には適用除外規定がないことから、業種を問わず、消費者と事業者との間で締結されるすべての契約に適用されることが重要である。

個人が消費者にあたるかどうかは、その契約がその個人にとって「事業として」または「事業のために」締結されるのかどうかによる。「事業」は、一定の目的をもってされる反復継続して行われる行為であれば、営利目的のものに限らない。したがって、弁護士や医師などの専門的職業の場合や公益目的の場合も含まれる。個人事業者や農家が、その事業に必要な物品や役務を購入したり、資金を借入れたりする契約は、消費者契約にあたらない。

従来事業をしていなかった個人が、内職を勧誘されたり、サイドビジネスとして代理店になることを勧誘されて、そのために必要だとしてパソコンやファクシミリを購入させられたり、タレント希望者がタレント養成講座の受講契約を結ばされた場合が「事業のために」されたことになるのかどうかが問題になる。当該契約の締結より前には、事業者性がなかった消費者が、事業を行うことを勧誘されて、それに必要だとして一定の契約締結に導かれたような場合は、なお、消費者であると解すべきであろう。

他方、法人や法人格を取得していなくても団体は事業者として扱われる。営利を目的にしていない公益法人やＮＰＯ法人、宗教法人なども事業者扱いとなる。たとえば、マンション管理組合は、消費者個人の集合体という色彩が強いが、法律の定義からは消費者に該当しないから、管理組合がマンション管理を管理業者に委託する契約や修繕積立金の預金契約等は消費者契約にはあたらないことになる。管理組合はむしろ事業者になるので、管理組合の管理するマンション駐車場についての居住者との間の利用契約は消費者契約となり、消費者契約法が適用される。

3　事業者の努力義務

事業者は、消費者契約の条項を定めるにあたっては、消費者の権利義務その他の消費者契約の内容が、その解釈について疑義が生じない明確なもので、かつ、消費者にとって平易なものになるように配慮する（三条一項一号）とともに、消費者契約の締結の勧誘をするに際しては、消費者の理解を深めるために、物品、権利、役務その他の消費者契約の目的となるものの性質に応じ、事業者が知ることができた個々の消費者の年齢、心身の状態、知識および経験を総合的に考慮したうえで、消費者の権利義務その他の消費者契約の内容についての必要な情報を提供するよう務めなければならないとされている（同項二号）。

また、事業者は、消費者契約が民法の定型取引合意（民法五四八条の二第一項）に該当する場合には、消費者が定型約款の内容の開示請求（民法五四八条の三第一項）を行うために必要な情報を提供するよう努めることが求められる（三条一項三号）。

さらに、事業者は、消費者契約により定められた消費者が有する解除権の行使に関して必要な情報を、消費者の求めに応じて提供するように努めることも求められる（同項四号）。

とりわけ、三条一項二号が消費者の「心身の状態」という個別の状況から生じる消費者の脆弱性にも配慮することを事業者に求めている点は重要であるが、これらの規定は、事業者の努力義務を定めた規定であり、これらの努力義務が果たされていなかったからといって、消費者契約法上、消費者の意思表示を取り消すことができたり、契約条項が無効になったりするわけではない。ただし、民法の一般ルールである信義誠実の原則（民法一条二項）や権利濫用（同条三項）、公序良俗（民法九〇条）といった規定を介して、事業者に不利な効果が生じる可能性はある。

他方、消費者契約法は、消費者にも、消費者契約を締結するに際して、「事業者から提供された情報を活用し、消費者の権利義務その他の消費者契約の内容について理解するよう務める」という努力義務を課している（三条二項）。しかし、この規定は、消費者基本法七条一項が、「消費者は、…自ら進んで、その消費生活に関して、必要な知識を修得し、及び必要な情報を収集する等自主的かつ合理的に行動するように務めなければならない」と定めていることを、消費者契約に即して言い換えたものにすぎない。したがって、この規定を根拠に消費者の取消権の行使や不当条項の無効の主張が封じられることはない。もっとも、民法の一般ルールである信義誠実の原則、権利濫用の規定が適用されて、消費者の権利の行使が認められないことはある。

4　消費者契約の意思表示の取消し

消費者が消費者契約の申込みまたは承諾の意思表示を取り消すことができる場合として、消費者契約法は、誤認による意思表示の場合、困惑による意思表示の場合、過量契約の意思表示の場合の三類型に分けて規定している。

(1)　誤認による取消権

事業者の一定の行為の結果として誤認させられたことが原因で、契約の申込みまたは承諾の意思表示をした消費者が、その意思表示を取り消すことができる場合として、以下の三つの場合がある（四条一項・二項）。

(ア)　重要事項の不実告知

事業者が勧誘に際し、重要事項について、事実と異なることを告げたことによって、告げられた内容が事実であると消費者が誤認し、契約の申込みまたは承諾の意思表示をした場合、消費者はその意思表示を取り消すことができる（四条一項一号）。

民法では従来から詐欺の場合に取消しが認められていたが（民法九六条一項）、消費者を騙して錯誤に陥れる意図とその錯誤に基づいて意思表示をさせる意図が事業者にあったこと、言い換えれば、事業者が消費者に告げる内容が虚偽であることを認識していたことが必要であり、かつこの点は消費者が証明する必要がある。これに対して、消費者契約法では、重要事項については、事業者の故意も過失も必要としないという点で、民法よりも消費者に有利になっている。

重要事項とは、個々の消費者が重要と思うすべてのことがらではなく、以下のいずれかでなければならない（四条五項）。

①消費者契約の目的となるものの質、用途その他の内容であって、消費者の当該消費者契約を締結するか否かについての判断に通常影響を及ぼすべきもの

②消費者契約の目的となるものの対価その他の取引条件であって、消費者の当該消費者契約を締結するか否かについての判断に通常影響を及ぼすべきもの

③消費者契約の目的となるものが当該消費者の生命、身体、財産その他の重要な利益についての損害または危険を回避するために通常必要であると判断される事情（ただし、不利益事実の不告知の場合を除く）

③は、契約の内容や取引条件以外の「動機」といわれるもののうち、重要な利益への損害や危険の回避目的の場合のみを重要事項として取り込んだものであり、存在しないシロアリの駆除商法や湿気除去を口実とした床下換気扇の取付商法などによる被害を救済するためのものである。これらの商法の多くは、実際には、詐欺に該当するものであるが、事業者の故意を立証することが困難であることから、事業者の告げた事情が存在せず、事業者の勧める物品や役務の購入が必要でなかったことだけを立証すれば、消費者は救済される。

これら以外の動機は、当事者にとっていかに重要であっても、誤認による取消権の根拠とはならない。ただし、恋愛感情等に乗じた人間関係の濫用（四条三項六号）などのように、困惑型勧誘類型のいずれかに該当すれば、取り消すことができる。

「旨い」、「お買い得」といった主観的な評価で、客観的には真実かどうかを判断しかねるよ

うなことがらは対象にならない。

(イ) 断定的判断の提供

事業者が勧誘に際し、物品、権利、役務その他の消費者契約の目的となるものに関して、将来におけるその価額や受取額、その他将来における変動が不確実な事項（将来における市場の指数・数値、金利、為替レートなど）について、断定的判断を提供することによって、消費者が誤認し、契約の申込みまたは承諾の意思表示をした場合には、消費者はその意思表示を取り消すことができる（四条一項二号）。

断定的判断の提供の場合は、重要事項についてという限定はないが、消費者が将来において財産上の利得を得るか否かを見通すことが契約の性質上困難な事項について、事業者が断定的判断を提供する場合に限定される。具体的には、保険、証券、商品先物、不動産、連鎖販売取引などである。「A新聞の経済欄では、株価が上昇傾向にあると言っている」とか、「経済評論家B氏は、半年後に一ドル一三〇円の円安になると予想している」というような消費者の判断の材料となることがらを告げることは、それが事実であれば、断定的判断の提供には該当しない。また、将来のことがらについて一定の仮定を明示して、将来の受取金額を試算する場合もこれに該当しない。ただし、その仮定の実現が確実であると信じさせたような場合は、断定的判断の提供になる。

「みるみる痩せる痩身術」などはここには該当しない。むしろ、痩せるための条件を客観的に説明することなしに、特定の健康食品のみを摂取すればよいとの勧誘がされると、重要事項の「不実告知」ないしは「不利益事実の不告知」の方に該当する。

(ウ) 不利益事実の不告知

事業者が勧誘に際し、重要事項または重要事項に関連する事項について消費者の利益となる事実のみを告げて、不利益な事実を故意または重大な過失によって告げなかったことにより、当該不利益事実が存在しないものと消費者が誤認し、契約の申込みまたは承諾の意思表示をした場合、消費者はその意思表示を取り消すことができる（四条二項本文）。ただし、これは、利益となる事実の告知によって、告げられなかった不利益事実が存在しないものと、一般の消費者が通常考えるべき場合に限られる。さらに、重要事項の不告知について、事業者の故意または重大な過失が要件とされている。

事業者が不利益事実を告げようとしたにもかかわらず、消費者がこれを拒んだ場合は、消費者は取り消すことができない（四条二項但書）。

(2) 困惑による取消権

消費者は、事業者が消費者契約の締結について勧誘をするに際して、以下に列挙する行為をしたことにより困惑し、それによって契約の申込みまたは承諾の意思表示をしたときは、その意思表示を取り消すことができる（四条三項）。

(ア) 不退去

事業者が勧誘するに際し、消費者の住居や職場から退去すべき旨の意思を消費者が示したのに退去しないことによって、消費者が困惑し、契約の申込みまたは承諾の意思表示をした場合、消費者はその意思表示を取り消すことができる（四条三項一号）。「退去すべき旨の意思」の表明は、はっきりと「お引き取り下さい」などと明言した場合だけではなく、「取り込み中」

というような時間的な余裕がないことを告げた場合や、「いらない」、「お断りします」などと契約を締結しない旨を告げた場合、さらに、身振り手振りで「帰ってくれ」との旨を示した場合にも認められる。

(イ)　**退去妨害**

事業者が勧誘するに際し、勧誘場所から退去する旨の意思を消費者が示したのに退去させないことによって、消費者が困惑し、契約の申込みまたは承諾の意思表示をした場合、消費者はその意思表示を取り消すことができる（四条三項二号）。

「退去する旨の意思」の表明は、「帰ります」などと明言した場合だけではなく、「これから別の用がある」というような時間的な余裕がないことを告げた場合や、「いらない」、「お断りします」などと契約を締結しない旨を告げた場合、さらに、身振り手振りで「帰りたい」旨を示した場合にも認められる。退去させない方法としては、物理的な方法に限られず、勧誘場所からの脱出を心理的に困難にする場合も含まれる。

(ウ)　**退去困難な場所への同行**

(イ)の退去妨害の変形であるが、消費者に契約の締結について勧誘をすることを告げずに、消費者が任意に退去することが困難な場所であることを知りながら、その場所に消費者を同行し、その場所において契約の勧誘をすることによって、消費者が困惑し、契約の申込みまたは承諾の意思表示をした場合、消費者はその意思表示を取り消すことができる（四条三項三号）。

(エ)　**第三者との相談の妨害**

契約の勧誘を受けている場所において、消費者が契約を締結するか否かについて事業者以外の者に相談するために電話等で連絡する旨の意思を示したのに、威迫する言動を交えて連絡を妨げることによって、消費者が困惑し、契約の申込みまたは承諾の意思表示をした場合、消費者はその意思表示を取り消すことができる（四条三項四号）。

(オ) 社会生活上の経験不足から生じる不安をあおる告知

消費者が、社会生活上の経験が乏しいことから、①進学、就職、結婚、生計その他の社会生活上の重要な事項、または②容姿、体型その他の身体の特徴または状況に関する重要な事項に対する願望の実現に過大な不安を抱いていることを知りながら、事業者が消費者の不安をあおり、裏付けとなる合理的な根拠がある場合その他の正当な理由がある場合でないのに、物品、権利、役務その他の消費者契約の目的となるものがその願望を実現するために必要である旨を告げることによって、消費者が困惑し、契約の申込みまたは承諾の意思表示をした場合、消費者はその意思表示を取り消すことができる（四条三項五号）。

就職活動中の学生の不安に乗じて、そのままでは上手くいくはずがないが、この講座を受講すれば自分を変えることができると告げて、自己啓発セミナーの受講契約を締結させるような場合が、これにあたる。

(カ) 恋愛感情等に乗じた人間関係の濫用

消費者が、社会生活上の経験が乏しいことから、契約の勧誘を行う者に対して恋愛感情その他の好意の感情を抱き、かつ、勧誘者も消費者に対して同様の感情を抱いているものと誤信していることを知りながら、これに乗じて、契約を締結しなければ勧誘者との関係が破綻することになる旨を告げることによって、消費者が困惑し、契約の申込みまたは承諾の意思表示をさせた場合、消費者はその意思表示を取り消すことができる（四条三項六号）。

恋人のような気にさせて、その関係を破綻させないためには、不動産や絵画を購入せざるをえないという状態に追い込むという恋人商法が典型例である。

(キ)　**加齢や心身の故障による判断力の著しい低下の不当な利用**

消費者が、加齢または心身の故障により判断力が著しく低下していることから、生計、健康等に関して、現在の生活の維持に過大な不安を抱いていることを知りながら、事業者が消費者の不安をあおり、合理的な根拠がある場合など正当な理由がある場合でないのに、契約を締結しなければ現在の生活の維持が困難となる旨を告げることによって、消費者が困惑し、契約の申込みまたは承諾の意思表示をした場合、消費者はその意思表示を取り消すことができる（四条三項七号）。

物忘れが激しくなるなど加齢により判断力が著しく低下した消費者の不安につけ込んで、「投資用マンションを持っていないと、定期収入がないことから、現在の生活レベルを維持することはできない」と告げて、高額なマンションを購入させるような場合が、これにあたる。

(ク)　**霊感その他の合理的に実証することが不可能な特別の能力による知見の告知**

霊感その他の合理的に実証することが困難な特別な能力による知見として、そのままでは消費者やその親族に現に生じている、または将来生じる重大な不利益を回避することができないとの不安をあおり、または不安に乗じて、その重大な不利益を回避するためには、契約の締結が必要不可欠である旨を告げることによって、消費者が困惑し、契約の申込みまたは承諾の意思表示をした場合、消費者はその意思表示を取り消すことができる（四条三項八号）。

重大な不利益の原因は先祖が苦しんでいるからだとか、先祖の悪行のたたりだとか称して、そのような因縁を絶つためには、高額な特定の物品を購入する必要があるとか、高額の献金をする必要があると迫る霊感商法が典型例である。

(ケ) 消費者の意思表示前の事業者による債務の履行

消費者が契約の申込みまたは承諾の意思表示をする前に、契約を締結したならば事業者が負うこととなる契約上の義務の内容の全部または一部を実施し、または契約の目的物の現状を変更し、その実施・変更前の原状への回復を著しく困難にすることによって、消費者が困惑し、契約の申込みまたは承諾の意思表示をした場合、消費者はその意思表示を取り消すことができる（四条三項九号）。

物干し竿（竿竹）の販売業者が、消費者が申込みや承諾をする前に、寸法を測って持参した竿竹を切断し、消費者に契約の締結を拒みにくくしたような場合がこれに該当する。

(コ) 消費者の意思表示前に事業者が行った事業活動の損失補償請求

(ケ)の場合のほか、消費者が契約の申込みまたは承諾の意思表示をする前に、事業者が調査、情報の提供、物品の調達その他の当該契約の締結を目指した事業活動を実施した場合において、そのような活動が消費者からの特別の求めに応じたものはなく、またその他の取引上の社会通念に照らして正当な理由がある場合でもないのに、当該活動が消費者のために特に実施したものである旨とその実施により生じた損失の補償を請求する旨を告げることによって、消費者が困惑し、契約の申込みまたは承諾の意思表示をした場合、消費者はその意思表示を取り消すことができる（四条三項一〇号）。

これは、消費者が契約締結に応じない場合には、事業者が一方的に行った経済的負担の償還を求めるというプレッシャーをかけて、拒みにくくする場合である。

(3) 過量契約の取消権

事業者が消費者契約の締結を勧誘する際に、契約の目的となるものの分量、回数、期間が、当該消費者にとって通常の分量等を著しく超えるものであることを事業者が知っていた場合、消費者は契約の申込みまたは承諾の意思表示を取り消すことができる（四条四項）。ここで、通常の分量等とは、「消費者契約の目的となるものの内容及び取引条件並びに事業者がその締結について勧誘をする際の消費者の生活の状況及びこれについての当該消費者の認識に照らして当該消費者契約の目的となるものの分量等として通常想定される分量等をいう」とされているので、通常の分量等を超えているかどうかは、消費者契約の目的となるものの内容、取引条件、事業者による勧誘の際の消費者の生活状況やこれらの事情についての消費者の認識に照らして、判断されることになる。

本項は、加齢や認知症により判断力の低下した高齢者をはじめ、当該契約の締結について合理的に判断することのできない消費者に、そのような事情があることを利用して、不必要な契約を締結させるという被害への対応として導入されたものであるが、条文上は、そのような要件は定められていない。

同一の事業者が次々と勧誘して、従来のものと合わせると通常の分量等を著しく超えるに至った場合も、新たな契約の意思表示について消費者は取り消すことができる。さらに、別の事業者による勧誘であっても、先の事業者との契約における分量等と合わせると通常の分量等を著しく超える場合も、後の事業者がそのことを知っていたときは、後の契約について、消費者の取消権が認められる。

(4) 契約締結の媒介受託者・代理人の行為

消費者の契約の相手方である事業者から契約締結の媒介の委託を受けた第三者が誤認させる行為や困惑させる行為、過量契約勧誘行為をした場合は、事業者が自らした場合と同様に、消費者はその意思表示を取り消すことができる（五条一項）。不動産仲介業者が、分譲業者の委託を受けて、消費者に新築マンションの販売を媒介する場合や、銀行が関連会社・提携会社の金融商品について販売の媒介を行う場合などがこれにあたる。

消費者の取消権については、消費者や事業者の代理人、媒介受託者の代理人は、それぞれ消費者、事業者本人とみなされる（五条二項）。したがって、事業者の代理人によって誤認・困惑させられた消費者はその意思表示を取り消すことができる。

事業者の従業員であり、契約締結の媒介受託者ではなく、契約締結の代理権も与えられていない者が、消費者への契約勧誘に際して、消費者を誤認させる行為、困惑させる行為、過量契約勧誘行為を行った場合については、相手方の詐欺を理由とする意思表示の取消権を定める民法九六条一項の適用に関して、同条二項が、「相手方に対する意思表示について第三者が詐欺を行った場合においては、相手方がその事実を知り、又は知ることができたときに限り、その意思表示を取り消すことができる」と定めていることとの関係で、相手方の契約勧誘の補助者である従業員は、ここでいう「第三者」には該当せず、意思表示者は、相手方の認識にかかわらず、原則通りに取消権を行使できるとするのが通説である。したがって、消費者契約法の適用に関しても、同様に考えればよい。

(5) 取消権の行使期間

消費者の取消権は、消費者が追認することができる時（すなわち、誤認させられたことを消費者が知った時、困惑状態から脱することができた時、合理的判断が可能となり過量であることを認識した時）から一年、または契約締結の時から五年が経過すると、時効により消滅する（七条一項）。民法では、詐欺や強迫を理由とした取消権が、追認できる時から五年、意思表示の時から二〇年で時効消滅する（民法一二六条）ことと比べると、消費者契約法では、取消しが可能となる要件を広げる一方で、取引の安定のために、時効期間を短縮しているのである。

ただし、霊感等による知見の告知の場合の取消権については、マインドコントロールから覚める期間を考慮して、追認できる時から三年、契約締結の時から一〇年とされる。

(6) 取消しの効果

消費者の意思表示が取り消されると、その契約は当初から無効であったことになり、すでに代金を支払っていたり、物品を受け取っていた場合には、それぞれを相互に返還する義務（原状回復義務）が生じる（民法一二一条の二第一項）。代金を支払っていなかったり、物品を引渡していなかった場合は、それらの義務は消滅する。

消費者が受け取った物品をすでに消費してしまっている場合や事業者から役務が提供されてしまっている場合には、原状回復義務として、物品や役務の客観的な価値を金銭で事業者に返還しなければならない。しかし、この原則を貫くと、相当な価格ではあっても、誤認させての販売や困惑させての押しつけ販売がされた場合に、事業者に利得を得させることになる。そこで、消費者契約法に基づく取消しの場合には、消費者は、「給付を受けた当時その意思表示が取り消すことができるものであることを知らなかったときは、当該消費者契約によって現に利益を受けている限度において、返還の義務を負う」とされる（六条の二）。たとえば、困惑によって購入させられた物品については、それが消費されたとしても、通常は、それによって他の出費が節約されるという関係はないから、「現に利益を受けている」ということ（現存利益）はないと評価される。これは、未成年者などの制限行為能力者が、取消権を行使した場合の返還義務の範囲（民法一二一条の二第三項）と同様である。

ちなみに、特定商取引法のクーリングオフの場合には、事業者からの役務提供が履行済みであっても、消費者は一切代金を支払う義務がなく、むしろ逆に、役務が提供される前の状態に戻すことまで要求することができる（特定商取引法九条五項～七項）。

取消しの効果は、善意でかつ過失のない第三者に対しては主張することができない（四条六項）。これは、民法の詐欺による取消しの場合（民法九六条三項）と同様である。

5　消費者契約の条項の無効

消費者契約における契約条項のうち、下記の種類の条項について、その全部または一部が無効となる。

(1)　事業者の損害賠償責任を免除する条項等

(ア)　事業者の損害賠償責任を免除し、またはその有無等の決定権を事業者に与える条項

事業者の損害賠償責任に関する次のような条項は無効となる。

①事業者の債務不履行に基づく損害賠償責任を全部免除し、または当該事業者にその責任

の有無を決定する権限を付与する条項（八条一項一号）

②事業者の故意または重大な過失による債務不履行に基づく損害賠償責任の一部を免除し、または当該事業者にその責任の限度を決定する権限を付与する条項（八条一項二号）

③消費者契約における事業者の債務の履行に際してされた当該事業者の不法行為に基づく損害賠償責任を全部免除し、または当該事業者にその責任の有無を決定する権限を付与する条項（八条一項三号）

④消費者契約における事業者の債務の履行に際してされた当該事業者の故意または重大な過失による不法行為の損害賠償責任の一部を免除し、または当該事業者にその責任の限度を決定する権限を付与する条項（八条一項四号）

条文の数は多いが、中身は同じようなことであり、事業者の損害賠償責任を限定したり、免除したり、あるいはその責任の有無を決定する権限を事業者に与えたりすることが不当であるとして無効とされる場合をもれなくあげるために、繁雑な列挙となっている。

売買契約等の有償契約において、引き渡された目的物の種類・品質が契約に適合しない場合には、買主は売主に対して修理・交換等により履行の追完を求めることができ（民法五六二条）、追完がないときは代金の減額を求めることができる（民法五六三条）。そこで、事業者の追完や代金減額の責任が消費者契約において定められているときは、①②は適用されず、損害賠償の全部または一部を免除したり、責任の有無または限度を決定する権限を事業者に与えたりする条項も有効となる（八条二項一号）。同様に、引き渡された目的物の種類・品質が契約に適合しない場合に、他の事業者が契約不適合によって消費者に生じた損害を賠償する責任の全部もしくは一部を負い、または履行を追完する責任を負うとされているときも、①②は適用されない(同項二号)。

(イ) 事業者の損害賠償責任の一部免除の条件が不明確な条項

事業者の債務不履行または不法行為に基づく責任の一部を免除する条項であって、重大な過失を除く事業者の過失による行為にのみ適用されることを明らかにしていないものは無効となる(八条三項)。

本来、事業者の損害賠償責任の一部を免除する条項は、事業者の故意または重大な過失による場合は無効であるが(八条一項二号・四号)、この点をあいまいにして事業者に重大な過失がある場合においても、消費者からの損害賠償請求を断念させるように機能するおそれのある条項を無効とするものである。このような条項は、たとえ、実際には事業者の軽過失によって生じた損害である場合においても、一部免責条項としての効力も認められない。

たとえば、「軽過失の場合は一万円を上限として賠償します」という条項は有効であるが、「法令に反しない限り、一万円を上限として賠償します」という条項は、本条に基づいて無効となる。このようにできるだけ広い範囲で免責されると表示しておいて、万一、消費者から異論が出されると、「法令に反しない限り」と限定しているから、消費者契約法八条一項二号・四号の範囲内では有効だと言い開きをすることを可能とするような条項を「サルベージ条項」という。サルベージ条項の無効についての一般的な規定は消費者契約法には存在しないが、本条は、サルベージ条項の一部を無効とするものである。

(2) 消費者の解除権を放棄させる条項等

消費者契約において事業者に債務不履行があれば、消費者は一定の手続を経て契約を解除することができる（民法五四一条・五四二条）。このような消費者の権利を事前に放棄させる条項や、解除権の有無を決定する権限を事業者に付与する条項は無効となる（八条の二）。

⑶　事業者に対し後見開始の審判等による解除権を付与する条項

消費者が、精神上の障害により事理を弁識する能力に問題が生じたことを理由に、後見開始の審判（民法七条）、保佐開始の審判（民法一一条）、補助開始の審判（民法一五条）を受けると、単独で有効な契約を締結することができる行為能力が、その能力の減退の程度に応じて制限されることになる。たとえば、成年被後見人が締結した契約は、日常生活に関するものを除き、成年被後見人本人または後見人によって取り消すことができる（民法九条）。

契約を締結する時点では行為能力が制限されていなかった消費者との契約であれば、その効力に問題はない。にもかかわらず、契約締結後に消費者が上記のいずれかの審判を受け、行為能力が制限されたというだけの理由で、消費者の代金不払等の債務不履行もないにもかかわらず、事業者が消費者契約を解除できるとする条項は無効となる（八条の三）。ただし、消費者が自己所有の不動産を売却する場合のように、消費者が事業者に対し物品、権利、役務その他の消費者契約の目的となるものを提供することとされている場合には、事業者に解除権を与える条項は無効とはならない。

⑷　消費者が支払う損害賠償の額を予定する条項等

㈠　損害賠償額等の予定条項

消費者の支払うべき損害賠償額を予定したり、違約金の額を定めたりする条項は、次のような場合に、その一部が無効となる。

①契約解除の場合に消費者が支払うべき損害賠償額の予定と違約金の合算額のうち、相手方事業者に生ずべき平均損害額を超える部分（九条一号）

②金銭支払債務の不履行の場合に消費者が支払うべき損害賠償額の予定と違約金の合算額のうち、年利一四・六％を超える部分（九条二号）

①は、消費者の債務不履行を理由に事業者が契約を解除する場合の損害賠償額を予定している条項や、消費者が中途解約する場合の損害賠償額（解約損料）を定めている条項に適用される。大学の入学金・授業料について、四月一日より前の入学辞退の場合には、入学金を返還しないという特約は有効だが、授業料を返還しないという特約は入学契約の解除に伴う損害賠償額の予定にあたり、平均的損害を超えるとして全額の返還を認めるのが最高裁の判例である（最判平成一八年一一月二七日民集六〇巻九号三四三七頁）。さらに、最高裁は、ポイント制の外国語会話教室の中途解約の場合に、1ポイント当たりについて当初の約定単価ではなく、より高額な単価に引き直して清算するとの特約について、実質的に、損害賠償額の予定または違約金にあたると評価している（最判平成一九年四月三日民集六一巻三号九六七頁）。

②の一四・六％という数字は、わが国のビジネスでは、長らく遅延利息の相場として日歩四銭（一〇〇円につき一日四銭の利息であり、年利換算で一四・六％）が機能してきたことにある。法律でも、たとえば、退職労働者の未払い賃金の遅延利息が一四・六％とされている（賃金の支払の確保等に関する法律六条一項）。

(イ) 事業者の説明努力義務

消費者契約法九条一項の条文上は、消費者が、相手方事業者に生ずべき平均損害額と当該契約条項に定められている損害賠償額等が平均損害額を超えていることを証明する責任を負担することになるが、消費者がこれらをすべて立証しなければならないとすると、事業者が協力してくれない限り、不可能を強いられることになる。

そこで、事業者は、消費者に対し、消費者契約の解除に伴う損害賠償の額を予定し、または違約金を定める条項に基づき、損害賠償または違約金の支払いを請求する場合において、消費者から説明を求められたときは、損害賠償の額の予定または違約金の算定の根拠の概要を説明するよう努めなければならないとされている（九条二項）。

⑸ 消費者の利益を一方的に害する条項

㈠ 消費者契約法一〇条の構造

「消費者の不作為をもって当該消費者が新たな消費者契約の申込み又はその承諾の意思表示をしたものとみなす条項その他の法令中の公の秩序に関しない規定の適用による場合に比して消費者の権利を制限し又は消費者の義務を加重する消費者契約の条項であって、民法第一条第二項に規定する基本原則に反して消費者の利益を一方的に害するものは、無効とする」と定める消費者契約法一〇条は、前段と後段からなっており、前段には例示が付記されている。問題となる条項がまず前段の要件を満たしたうえで、後段の要件も満たした場合に、そのような契約条項は無効となる。

㈡ 公序に関しない規定の適用の場合より消費者の権利を制限等すること

「法令中の公の秩序に関しない規定」とは、たとえば、代金の支払場所について、「売買の目的物の引渡しと同時に代金を支払うべきときは、その引渡しの場所において支払わなければならない」とする民法五七四条のように、その点について当事者間で特段の合意がなければ当該規定が適用されるが、その規定と異なった内容の特段の合意をすれば、その合意が有効となるような規定、いわゆる任意規定を意味している。

(ウ) **任意規定としての一般法理**

任意規定は、民法等の制定法に定めのある任意規定に限らず、その点について特段の合意がされていない場合に適用される一般的な法理等も含まれるとするのが最高裁の判例（最判平成二三年七月一五日民集六五巻五号二二六九頁、賃貸借契約の更新料条項の効力に関する事例）であり、学説にも反対はみられない。そこで、本条の「法令」には一般法理等も含まれることを明確化するために、「消費者の不作為をもって当該消費者が新たな消費者契約の申込み又はその承諾の意思表示をしたものとみなす条項」という具体例が付加されている。消費者の不作為は当該消費者による新たな消費者契約の申込みまたはその承諾の意思表示とはみなされないとの規定が、民法等の法令に存在しているわけではない。

(エ) **消費者の権利の制限等が消費者の利益を一方的に害すること**

本条の前段要件を満たしたとしても、後段要件、すなわち、消費者の権利の制限または義務の加重が、信義誠実の原則（民法一条二項）に反するほど、消費者の利益を一方的に害すると評価されない場合には、当該条項は無効とならない。

最高裁の判例として、生命保険契約に適用される約款中の保険料の払込みがされない場合に履行の催告なしに保険契約が失効する旨を定める条項は、①これが、保険料が払込期限内に払い込まれず、かつ、その後一か月の猶予期間の間にも保険料支払債務の不履行が解消されない場合に、初めて保険契約が失効する旨を明確に定めるものであり、②上記約款に、払い込むべき保険料等の額が解約返戻金の額を超えないときは、自動的に保険会社が保険契約者に保険料相当額を貸し付けて保険契約を有効に存続させる旨の条項が置かれており、③保険会社が、保険契約の締結当時、上記債務の不履行があった場合に契約失効前に保険契約者に対して保険料払込みの督促を行う実務上の運用を確実にしているときは、消費者契約法一〇条にいう「民法第一条第二項に規定する基本原則に反して消費者の利益を一方的に害するもの」にあたらないとするものがある（最判平成二四年三月一六日民集六六巻五号二二一六頁）。

6　民法その他の法律との関係

消費者契約法の取消権は、民法の規定の上乗せなので、民法に基づく詐欺や強迫による取消権（民法九六条）は従来どおり認められる（六条）。また、消費者契約法に列挙されていないタイプの契約条項について、民法の信義誠実の原則（民法一条二項）や権利濫用（同条三項）、公序良俗（民法九〇条）等の規定に基づいて無効等の判断をすることも妨げられない。

消費者契約法に規定のないことがらについては、民法や商法の規定が適用される（一一条一項）。事業者の不当な勧誘に対して、不法行為に基づく損害賠償を請求することは妨げられない。逆に、他の法律に別段の定めがある場合には、それらの規定が優先して適用される（一一条二項）。たとえば、消費者契約法九条一項二号は、金銭債務の遅延の場合の損害賠償額の予定（遅延利息）については、年利一四・六％を超える部分について無効としているが、他方で、利息制限法は、賠償額の予定は、元本額に応じて年利二一・九％、二六・二八％、二九・二％を超える部分を無効とし（利息制限法四条一項)、営業的金銭消費貸借の場合は年利二〇%を超える部分を無効としている(同七条一項)。この場合、利息制限法の規定が優先適用され、消費者契約法九条一項二号は適用されない。

また、割賦販売や割賦購入あっせんの取引において、消費者が返済を怠った場合、商品の割賦販売価格と既払額との差額に法定利率による遅延損害金を加えた額以上の支払いを消費者に請求できない(割賦販売法六条、三〇条の三)。これは、割賦販売価格には現金販売価格との差額が将来の金利(手数料)としてすでに組み込まれており、この金額に高利率の遅延損害金を付加することは、実質的に不当な高金利になる可能性があるからである。

7 差止請求

(1) 事業者等の行為の差止請求権

適格消費者団体は、消費者契約法四条一項から四項までに定める勧誘行為や同法八条から一〇条に定める条項を含む契約の申込みまたは承諾行為が、事業者等(事業者だけではなく、その受託者、代理人、受託者の代理人も含む)によって不特定かつ多数の消費者に対してされる場合に、その行為の停止もしくは予防等を事業者等に対して請求することができる(一二条一項~四項)。適格消費者団体は、このような請求を、裁判上でも裁判外でも行うことができる。個別の消費者との契約において、意思表示を取り消すことができる場合や契約条項の無効を主張できる場合の要件と基本的に重なるが、大きく異なるのは、差止めの対象となる行為は、不特定かつ多数の消費者に対して行われているか、あるいは行われるおそれのあるものでなければならないことである。

不当な勧誘行為が実際に行われたり、不当な契約条項を含む契約の申込みや承諾の行為が実際に行われた場合だけではなく、そのような行為が行われるおそれが現に存在する場合にも、差止めを請求することができる。

ただし、民法および商法以外の他の法律の規定によれば、そのような行為を理由として消費者契約の意思表示を取り消せないときや、そのような消費者契約の条項が無効とされないときは、差止請求の対象とはならない（一二条一項但書・三項但書）。これは、消費者契約の意思表示の取消しや契約条項の効力について、民法および商法以外の他の法律に別段の定めがあるときは、その定めによるとされており（一一条二項）、民法および商法以外の特別法が消費者契約法より優先的に適用されるからである。

(2) 不特定かつ多数の消費者

差止請求の対象となる事業者の行為は、不特定かつ多数の消費者に対して行われる勧誘行為であるか、不特定かつ多数の消費者との間で締結される契約条項である必要がある。後者は、定型約款を含む普通契約約款の差止請求にほぼ等しい。

事業者の特定の販売員の同じセールストークによって多数の消費者に被害が生じている場合やそのおそれがある場合、あるいは事業者の用意した勧誘マニュアルに即して多数の販売員が同じような不当な勧誘を行っている場合やそのおそれがある場合には、適格消費者団体は、そのような不当な勧誘行為の差止めを請求することができる。

(3) モデル約款の推奨行為の差止請求

事業者団体がモデルとなる契約約款を作成し、傘下の会員事業者がそれを使うということがある。広く使われていた有名なものとしては、全国銀行協会が、銀行と顧客との間の与信取引で使用されることを意図して作成した「銀行取引約定書」ひな型がある。各銀行は、このひな型とまったく同じものをそれぞれの銀行の銀行取引約定書として使用していたが、すべての銀行が同一の取引条件で融資をすることは独占禁止法違反のおそれがあるとの公正取引委員会からの指摘を受けて、平成一二（二〇〇〇）年に、今後は各銀行がそれぞれ独自の銀行取引約定書を作成すべきであるとして、全国銀行協会としてのひな型は廃止された。

消費者契約法の平成一八年改正の審議の際に、消費者団体側は、モデル約款に不当な条項が含まれている場合には、個別の事業者によるその使用の段階ではなく、そのモデル約款の使用を事業者に推奨する段階で差し止めないと消費者被害の効果的な予防にならないとして、「推奨行為」をも差止めの対象とすることを主張した。しかし、事業者団体による自主的なルールづくりへの萎縮効果をもたらすおそれがあることから、法律には盛り込まれていない。ただし、このような事業者団体の作ったモデル約款を、傘下の会員事業者や会員外の事業者がそのまま使用している場合に、当該事業者を相手にその使用の差止めを請求することは可能である。

(4) 認可約款の差止請求

消費者契約法には、事業者の用いる契約条項について、事前に主務官庁による認可を受けている場合に、消費者契約法八条から一〇条の規定の適用を除外する趣旨の規定は置かれていない。したがって、認可約款であったとしても、無効の主張は可能であり、適格消費者団体が差止請求をすることも妨げられない。

(5) 裁判外の差止請求

差止請求権は、裁判上でしか行使できない権利ではなく、裁判外でも行使することのできる実体法上の権利である。したがって、適格消費者団体としては、裁判を通じて行使することも、裁判外で行使することもいずれも可能である。

適格消費者団体が裁判外で差止請求権を行使する場合は、適格消費者団体としての認定を受けていない消費者団体が、その活動の一環として事業者に対して要請や申入れを行う場合とあまり違いがない。ただし、適格消費者団体による場合は、話し合いで解決しないときには、裁判に持ち込むことができるので、消費者の利益に資する解決を導き出しやすいという利点がある。

(6) 適格消費者団体による要請

適格消費者団体は、事業者に対して、①消費者契約法上無効とされる条項を含む消費者契約の条項を開示すること（一二条の三）、②消費者契約の解除に伴う損害賠償額の予定と違約金の合算額が契約解除に伴って当該事業者に生じる平均的な損害の額を超えると考える相当な理由がある場合に、その算定根拠を説明すること（一二条の四）、③当該事業者が適格消費者団体からの差止請求に基づいて必要な措置をとる義務を負う場合に、当該義務の履行のために講じた措置の内容を開示すること（一二条の五）を要請することができる。そして、事業者は、適格消費者団体からのこれらの要請に応じるよう努めるべき義務を負う。

III 適格消費者団体

1 適格消費者団体とは

適格消費者団体とは、不特定かつ多数の消費者の利益のために消費者契約法に基づく差止請求権を行使するのに必要な適格性を有する法人である消費者団体として、内閣総理大臣の認定を受けた団体をいう（二条四項）。適格消費者団体のみが法律上の権利としての差止請求をすることができる

（一二条）。

適格消費者団体による差止請求権としては、消費者契約法に基づくものが最初に導入され、その後、平成二〇（二〇〇八）年に特定商取引法と景品表示法に、平成二五（二〇一三）年には食品表示法にも導入された。そのため、適格消費者団体の認定や監督に関する詳細な規定は消費者契約法に置かれている。

令和四（二〇二二）年一二月末の時点で、適格消費者団体としての認定を二三団体が受けている。差止訴訟は、八三事業者に対して提起されている。

2　適格消費者団体の認定等

(1)　認定の要件

適格消費者団体の認定を内閣総理大臣から受けるためには、次のような要件をすべて満たしている必要がある（一三条三項）。

①特定非営利活動法人（NPO法人）、一般社団法人または一般財団法人であること　法人の社員数については、消費者庁の「適格消費者団体の認定、監督等に関するガイドライン」（以下、「ガイドライン」と略す）は、一〇〇人以上存在していることを一つの目安として斟酌するものとしている（ガイドライン2⑶ア）。

②不特定かつ多数の消費者の利益の擁護を図るための活動を行うことを主たる目的とし、現にその活動を相当期間にわたり継続して適正に行っていること　「相当期間」としては、原則として二年間以上とするのが、ガイドラインの立場である（ガイドライン2⑵イ(イ)）。

③差止請求関係業務の遂行のための体制および業務規程が適切に整備されていること

④理事会が適切に設置・運営されていること　理事のうち、特定の事業者の関係者が三分の一を超えていたり、同一の業種の事業を行う事業者の関係者が二分の一を超えていたりする場合、公正性を欠くおそれがあるとして認定されない。

⑤差止請求の要否および内容を検討する部門において、消費生活相談の専門家や法律の専門家が「専門委員」として助言できる体制にあるなど、差止請求関係業務を適正に遂行することができる専門的な知識経験を有すると認められること

⑥差止請求関係業務遂行のための経理的基礎を有すること

⑦差止請求関係業務以外の業務を行う場合には、それらの業務を行うことによって差止請求関係業務の適正な遂行に支障を及ぼすおそれがないこと

なお、申請した団体が、消費者契約法、消費者裁判手続特例法その他の消費者の利益の擁護に関する一定の法令違反で処分を受けてから一定期間が経過していない場合や暴力団員等が関与している場合等には、認定を受けることができない（一三条五項。欠格事由）。

(2) 認定の手続

適格消費者団体としての認定を受けようとする団体は、内閣総理大臣に認定の申請をしなければならない（一三条二項）。適格消費者団体に関する内閣総理大臣の権限は消費者庁長官に委任されているので（四八条の二）、実際の業務は消費者庁が担当している。

申請書には、定款や業務規定その他の所定の書類を添付しなければならない（一四条二項）。申請があると、申請概要が公告され、一部の添付書類が公衆への縦覧に供されるので（一五条一項）、どのような団体が適格消費者団体の認定を申請しているかが公衆にもわかる。

内閣総理大臣が要件を満たしているかどうか、欠格事由に該当しないかどうかを判断して、認定の可否を決定する。申請団体について暴力団員等が関与しているとの疑いがある場合には、警察庁長官の意見を聴くものとされている（一五条三項）。

認定がされると、その旨の公示がされる（一六条一項）。

なお、適格消費者団体でない者は、適格消費者団体であると誤認されるおそれのある表示をしてはならない（一六条三項）。

(3) 認定の更新と失効

適格消費者団体としての認定の有効期間は、認定の日から起算して六年であり（一七条一項）、有効期間が経過したときは、認定の効力がなくなる（二二条一号）。六年の期間満了後も引き続き適格消費者団体としての活動を行おうとする団体は、その有効期間の更新を受けなければならず（一七条二項）、更新されるとさらに六年間、認定を受けた適格消費者団体として活動することができる。更新が認められるための要件は、認定の申請が認められるための要件とほぼ同様である（一七条六項）。

認定を受けた適格消費者団体は、認定を受けるための申請書に記載した事項や申請書の添付書類に記載した事項に変更があったときは、遅滞なく、内閣総理大臣にその旨を記載した届出書を提出しなければならない（一八条）。

適格消費者団体の認定は、一定の場合に、内閣総理大臣によって取り消されることがある（三四条一項各号）。

(4) 適格消費者団体の合併、事業譲渡、解散、業務の廃止

適格消費者団体である法人の合併の場合、まず、適格消費者団体である法人の成立根拠となった法律に従って合併手続を行う必要がある。そのうえで、適格消費者団体としての法的地位が、合併後の法人に承継されるかについて、①適格消費者団体である法人どうしの合併の場合と、②適格消費者団体である法人とその他の法人との合併の場合に分けて、必要な手続等の要件が定められている（一九条）。

事業譲渡についても、同様に、①適格消費者団体間での事業譲渡の場合と、②適格消費者団体からその他の団体への事業譲渡の場合に分けて、必要な手続等の要件が定められている（二〇条）。

法人の解散は、それぞれの法人の設立の根拠法に従って手続が行われる必要があり、そのうえで、内閣総理大臣にその旨を届け出なければならない（二一条一項一号・二号）。解散により、適格消費者団体としての認定の効力は消滅する（二二条四号）。

適格消費者団体は、差止請求関係業務を廃止することができるが、内閣総理大臣にその旨を届け出なければならない（二一条一項三号）。業務の廃止により、適格消費者団体としての認定の効力は消滅する（二二条四号）。

3　差止請求関係業務等

(1)　差止請求権の行使にあたっての責務

適格消費者団体は、不特定かつ多数の消費者の利益のために、差止請求権を適切に行使しなければならず（二三条一項）、差止請求権を濫用してはならない（二三条二項）。

また、適格消費者団体は、その活動を政党または政治的目的のために利用してはならない（三六条)。ただし、消費者団体訴訟制度に関する制度改革の提言をはじめとした、不特定かつ多数の消費者の利益の擁護を図るための政策提言や意見の表明については、制約されない。

(2) 他の適格消費者団体との協力

各適格消費者団体は独立した団体として、独自の調査、相談、申入れ、交渉、訴訟等の活動を行うことができるが、事案の性質に応じて他の適格消費者団体と共同して差止請求権を行使するほか、差止請求関係業務について相互に連携を図りながら協力するように努めることが求められている(二三条三項)。認定を受けていない消費者団体が取り組んできた案件について、適格消費者団体が訴訟の遂行を担うなどのリレー方式も可能である。

適格消費者団体は、訴えの提起等のための書面による事前請求、差止請求に係る訴えの提起、判決の言渡し、判決の確定、差止請求に係る裁判上・裁判外の和解といった事業者に対する差止請求の各段階、節目ごとに、他の適格消費者団体へその旨を通知するとともに、内閣総理大臣にその旨およびその内容を報告する義務を負う(二三条四項)。これらの通知や報告は、内閣総理大臣が管理し、すべての適格消費者団体および内閣総理大臣が書き込みと閲覧ができるウェブサイトに直接記録するという方法で行うこともできる。

(3) 消費者の個人情報保護

適格消費者団体は、事業者を相手に差止請求訴訟を提起し、またその前段階として不当な勧誘行為や不当な契約条項の是正を求めるにあたっては、消費者個人から不当な勧誘を受けて被害を被ったとの情報や、不当な約款が使用されているとの情報を収集することが必要である。被害情報は、被害を受けた消費者の個人情報でもあるので、差止請求の相手方である事業者その他の第三者が、被害を受けた消費者個人を識別することができる方法でその被害情報を利用する場合には、適格消費者団体は当該消費者の同意を取得しておかなければならない（二四条）。

(4) 守秘義務

適格消費者団体の役員、職員、専門委員には、正当な理由なしに、差止請求関係業務に関して知り得た秘密を漏らしてはならないとの守秘義務が課されている（二五条）。これらの者は、その職を辞した後もなお守秘義務を負う。

守秘義務の対象は、(3)の消費者の被害に関する個人情報に限定されない。相手方事業者との交渉の過程で知り得た事業者の業務に関する秘密も、正当な理由なしに公表した場合には、これに含まれる。

(5) 財産上の利益の受領

適格消費者団体またはその役員、職員、専門委員は、差止請求に係る相手方から、その差止請求権の行使に関し、寄附金、賛助金その他名目のいかんを問わず、金銭その他の財産上の利益を受けてはならない（二八条一項・二項）。これらの財産上の利益を第三者に受けさせることも禁止されている（二八条三項）。

このような規制の趣旨は、財産上の利益を得るのと引換えに訴えの提起を控えるといった不特定かつ多数の消費者の利益に反する行為が行われたり、金銭を支払わせることを目的に総会屋まがいの活動がなされることを防止するためである。そこで、次のような場合については、適格消費者団体が財産上の利益を受けることが認められている（二八条一項）。

①判決に基づいて訴訟費用相当額の償還を受けるとき

②間接強制金の支払いを受けるとき

③強制執行の執行費用相当額の償還を受けるとき

④相手方事業者の債務の履行を確保するために約定された違約金の支払いを受けるとき

とはいえ、このようにして事業者から取得した金銭については、適格消費者団体は、積み立てて、差止請求関係業務に要する費用に充てなければならない（二八条五項）。

また、差止請求権の行使に対して相手方事業者がした不法行為による財産的損害、たとえば不当応訴の場合にかかった費用等については、賠償として受けることができる（二八条四項）。

さらに、適格消費者団体が、差止請求権の行使に係る個別事案とは関係なしに寄附金等を受領することや、不当な行為によって事業者が得た利得の個々の消費者への返還や消費者に対する支援活動を行う者への拠出の合意をすることは、禁止規定に該当しない（ガイドライン4⑸）。

⑹ 差止請求関係業務以外の業務

適格消費者団体は、差止請求関係業務に支障がない限り、定款の定めるところにより、差止請求関係業務以外の業務を行うことができる（二九条一項）。その場合、適格消費者団体は、①差止請求関係業務、②差止請求関係業務を除く不特定かつ多数の消費者の利益の擁護を図るための活動に係る業務、③その他の業務に区分して、経理を行うことが求められている（二九条二項）。

4 監督

⑴ 活動の透明性確保

適格消費者団体は、不特定かつ多数の消費者の利益のために差止請求権を行使するという公益的役割を担っていることから、その活動について、透明性を確保することが求められている。そのため、①帳簿書類の作成と保存（三〇条）、②財務諸表等の作成（三一条一項）、③書類の備置き（三一条二項）、④公衆からの閲覧・謄写等の請求に応じること（三一条三項・四項）、⑤内閣総理大臣への書類の提出（三一条五項）等の義務を負っている。

⑵　政府による監督

内閣総理大臣は、消費者契約法の実施に必要な限度において、適格消費者団体に対して、その業務や経理の状況に関する報告徴収や立入検査をすることができる（三二条）。

また、内閣総理大臣は、適格消費者団体が、認定のために必要な要件のいずれかに適合しなくなったときは、これらの要件に適合するために必要な措置をとるように命じることができ（三三条一項）、また、適格消費者団体の業務の適正な運営を確保するため必要があると認めるときは業務の運営の改善に必要な措置をとるように命ずることができる（同条二項）。

適格消費者団体からの暴力団関係者の排除が消費者契約法の目的の一つになっていることから、警察庁長官は、適格消費者団体に暴力団員等が関与している場合等において、当該適格消費者団体に対して適切な措置をとるようにとの意見を内閣総理大臣に述べることができる（三八条二号）。

⑶　認定の取消し

内閣総理大臣は、適格消費者団体が不正の手段により認定を受けた場合や暴力団員がその業務に関係している場合、不特定かつ多数の消費者の利益に著しく反する訴訟等の追行を行ったと認められる場合等において、認定を取り消すことができる（三四条一項）。

⑷　差止請求権の承継に係る指定

適格消費者団体について、確定判決等で強制執行することができるものが存在する場合において、当該適格消費者団体の認定が失効し、または取り消されたときは、内閣総理大臣は、当該適格消費者団体の有する差止請求権を承継すべき他の適格消費者団体を指定するものとされている（三五条一項）。

5　適格消費者団体への支援

適格消費者団体は、事業者の不当な勧誘行為や不当な契約条項に関する情報を消費者から収集して、その是正や差止めを請求することができるが、不特定かつ多数の消費者に対して同じ行為が行われていることが差止請求の要件であることから、問題とされる契約条項の使用や勧誘手法が、たまたま孤立して行われたにすぎないのか、それとも多数生じているのかが重要な争点となる。多数生じていることを証明するためには、独立行政法人国民生活センターの運営する全国消費生活情報ネットワークシステム（PIO-NET）に蓄積されている苦情相談情報が貴重な情報源になる。

そこで、国民生活センターおよび地方公共団体は、適格消費者団体の求めに応じ、差止請求権を適切に行使するために必要な限度において、消費生活相談および消費者紛争に関する情報を提供することができるとされている（四〇条一項）。ただし、情報の提供を受けた適格消費者団体は、その情報を差止請求権の適切な行使の目的以外に利用・提供することはできない（四〇条二項）。

また、適格消費者団体が行う差止請求関係業務の円滑な実施のために必要な援助を行うことが国民生活センターの業務の一つとされている（独立行政法人国民生活センター法一〇条六号）。

Ⅳ　差止請求訴訟

1　適格消費者団体の差止請求権

(1)　差止請求権が認められる場合

適格消費者団体には、消費者契約法四条一項から四項までに定める不当な勧誘行為や八条から一〇条に定める不当な契約条項を含む契約の申込みまたは承諾行為が不特定かつ多数の消費者に対してされる場合に、その行為の差止めを事業者等（事業者だけではなく、その受託者、代理人、受託者の代理人も含む。）に対して請求する権利が与えられる（一二条一項～四項）。訪問販売等における不当な勧誘行為等、顧客を誘引する手段としての不当な表示、食品についての不当な表示に対しても、同様に、適格消費者団体の差止請求権が認められている（特定商取引法五八条の一八～五八条の二四、景品表示法三〇条、食品表示法一一条）。

ここでいう「差止め」とは、ある行為を停止するというだけではなく、そのような行為の予防、行為に利用した物（パンフレットや販促ビデオ、契約書面等）の廃棄や除去その他そのような行為の予防に必要な措置（契約条項の改訂等）を広く含む。

不当な勧誘行為が実際に行われたり、不当な契約条項を含む契約の申込みや承諾の行為が実際に行われた場合だけではなく、そのような行為が行われるおそれが現に存在する場合にも、差止めを請求できる。

事業者等の行為に対してすでに公正取引委員会が排除措置命令（独占禁止法二〇条）を出していたり、主務官庁が是正命令（たとえば特定商取引法四六条）を出している場合に、適格消費者団体の差止請求権が認められるかどうか問題になる。排除措置命令等にもかかわらず、違反行為が現に行われている場合には、差止請求権が認められることは明らかである。排除措置命令等に違反する場合には、刑罰が科せられる（たとえば独占禁止法九〇条、特定商取引法七二条）が、民事執行の方法で違反行為をやめさせることはできず、消費者契約法における差止請求権を認める必要がある。

排除措置命令等が出された後は違反行為が行われていない場合については、将来において違反行為が行われるおそれがあるかどうかを、排除措置命令等に対する事業者等の反応、命令の発令前後での事業者等の業務態様の変化の有無などから、判断すべきである。命令に従って違反行為をやめる態度を明確にしているとか、違反行為の結果を積極的に除去している、といった事実があれば、違反行為のおそれはなくなったと判断され、差止請求権が否定される。これに対して、単に、命令後に違反行為がなされていないという事実だけでは、なお違反行為がなされるおそれは認められ、適格消費者団体の差止請求権が肯定されることになろう。

⑵ 差止請求権行使の制限

㈠ 不適切な行使の禁止

当該適格消費者団体もしくは第三者の不正な利益を図りまたは相手方とする事業者等に損害を加えることを目的とする場合には、差止請求をすることはできない（一二条の二第一項一号）。また、一般に、適格消費者団体は、差止請求権を不特定かつ多数の消費者の利益のために適切に行使し、濫用しない義務を負っている（二三条一項・二項）。

㈡ 差止請求に係る判決の確定等と他の適格消費者団体の差止請求権——原則

ある適格消費者団体を当事者とする差止請求に係る訴訟で判決が確定した場合は、原則として、他の適格消費者団体は同一の相手方に対する同一内容の差止請求をすることができない

（一二条の二第一項二号本文）。和解、調停および仲裁で、確定判決と同一の効力を有するものが成立した場合も同様である。

(ウ) 差止請求に係る判決の確定等と他の適格消費者団体の差止請求権――例外その一

①確定判決が訴えを却下したものである場合（一二条の二第一項二号イ）、②確定判決または仲裁判断が、差止請求が原告となった適格消費者団体もしくは第三者の不正な利益を図りまたは当該事業者等に損害を加えることを目的としていること（前述(ア)参照）のみを理由として、請求を棄却するものである場合（一二条の二第一項二号ロ）は、他の適格消費者団体は差止請求をすることを妨げられない。これらの場合は、確定判決等において、差止請求権の存否につき判断がなされていないからである。

さらに、③確定判決およびこれと同一の効力を有するものが、差止請求権の不存在または差止請求権に係る債務の不存在の確認の請求を棄却した確定判決およびこれと同一の効力を有するものである場合も、他の適格消費者団体は差止請求をすることを妨げられないと規定されている（一二条の二第一項二号ハ）。これは、事業者等が原告として、特定の適格消費者団体に対して、債務不存在確認の訴えを提起したが、その請求が棄却された場合等を想定した規定である。この場合、被告とされた適格消費者団体の差止請求権の存在が確定することになるが、差止めを強制するためには、債務名義の取得がなお必要となるので、適格消費者団体がさらに差止請求をすることが許されている。

(エ) 差止請求に係る判決の確定等と他の適格消費者団体の差止請求権――例外その二

差止請求につき確定した判決または和解、調停および仲裁で成立した確定判決と同一の効力を有するものが、差止請求権の不存在を確定する内容である場合であっても、当該訴訟手続等の当事者であった適格消費者団体が、不特定かつ多数の消費者の利益に著しく反する訴訟追行を行ったという理由で、適格の認定を取り消されるとき（三四条一項四号）は、他の適格消費者団体が差止請求をすることを妨げられない（一二条の二第一項二号但書）。当該団体の適格認定が、二二条各号に掲げる事由によりすでに失効し、または三四条一項各号に掲げる事由もしくは消費者裁判手続特例法九二条二項各号の事由によりすでに取り消されている場合において、三四条一項四号の取消事由に該当する事実が認定された（三四条三項）場合も、同様である（一二条の二第一項二号但書）。これらの場合は、当該適格消費者団体の訴訟活動等は、消費者の利益を正しく保護しておらず、その結果としての確定判決等も、その正当性が疑わしいので、他の適格消費者団体は改めて同一の相手方に対して同一内容の差止請求をすることができると定められているのである。

なお、すでに確定判決等を得た適格消費者団体につき、他の適格消費者団体の提起した差止請求訴訟の係属中に、上述のような適格性をめぐる疑いが生じた場合については、後述2―(7)を参照。また、差止請求を認める内容の確定判決等を得た適格消費者団体につき、適格認定の取消し、失効等の事実が生じた場合については、後述(3)を参照。

(オ) 差止請求に係る判決の確定等と他の適格消費者団体の差止請求権――例外その三

一二条の二第二項は、同条第一項二号本文（前述(イ)）の例外として、差止請求に係る確定判決の基準時（事実審の口頭弁論終結時）後、または確定判決と同一の効力を有するものの成立後に生じた事由に基づいて同一内容の差止請求をすることを妨げない旨を規定する。この規定は、他の適格消費者団体の差止請求が、確定判決等の存在にもかかわらず例外的に許容される場合を定めている。当該適格消費者団体の再度の差止請求の可否は、この規定ではなく、当該確定判決等の既判力に関しての規定（民事訴訟法一一五条）によって規律される。

この規定の法体系的位置づけは、必ずしも明らかではない。一二条の二第一項二号の例外としての規定の位置からは、適格消費者団体の差止請求に係る確定判決等の既判力は他の適格消費者団体には及ばないこと（判決の相対効）を前提として、実体法上の差止請求権の行使の制限（同条第一項）の例外を定めるものといえる。しかし、この規定の文言は、確定判決等の既判力の時的限界を定める民事執行法三五条二項と酷似しており、一二条の二第一項二号と併せて読むと、確定判決等の既判力を他の適格消費者団体に拡張する実質を有していると評価することも可能である。

何が「後に生じた事由」にあたるかは問題であるが、事業者等がこれまでと同じ違反行為をしたというだけでは、これにあたらず、事業者等の新たな行為が確定判決等に係る訴訟等で問題とされた行為と類型的に異なる場合にはじめて、他の適格消費者団体による差止請求が許されるものと解される。ただし、事業者等の行為がまったく同じであっても、確定判決等に係る訴訟等において問題とされていなかった消費者契約法等の規定違反を主張する場合は、訴訟物とする差止請求権は別個のものと評価され、新たな差止請求を許してよいと考えられる。

⑶ 差止請求権の承継

適格消費者団体が、判決の確定、請求の認諾、和解もしくは調停、または仲裁により、差止めを命ずる債務名義を得た後に、適格性の認定が失効したり、取り消された場合、内閣総理大臣が、他の適格消費者団体を指定して差止請求権を承継させる（三五条一項・二項、前述Ⅲ―4―⑷）。指定を受けた適格消費者団体は、差止請求をすることができる（同条三項は、一二条の二第一項二号の適用を排除している）。具体的には、指定を受けた適格消費者団体が、債務名義に口頭弁論終結後の承継人として執行文の付与を受けて（民事執行法二三条一項三号、二七条二項）、強制執行（間接強制等）の申立てをすることになる。なお、規定上は、指定を受けた適格消費者団体が新たに差止請求の訴えを提起することも可能のようにみえるが、上述のように、すでに確定している判決に承継執行文の付与を受けることで強制執行が可能となるので、承継執行文付与という簡易な手続によらずに新たに訴えを提起することは、基本的には必要でない。

⑷ 差止請求権の放棄

適格消費者団体が、判決の確定、請求の認諾、和解もしくは調停、または仲裁により、差止めを命ずる債務名義を得た場合は、差止請求権を放棄することができない（二三条六項）。債務名義の成立により他の適格消費者団体は同一事業者等に対する同一の差止請求をすることができなくなるので、当該違反行為をやめさせることは、判決を得た適格消費者団体が適切に請求権を行使することにかかっている。差止請求権は、適格消費者団体に帰属する実体法上の権利と位置づけられているが、それは不特定かつ多数の消費者の利益を守るために与えられた権利であり、通常の私法上の権利のように、権利者がその意思により自由に処分できるわけではない、と考えられている。

債務名義に基づいて強制執行をすることは、判決を得た適格消費者団体の義務と考えられる（二三条一項）。したがって、請求権を放棄しないまでも、正当な理由がなく、強制執行を怠って、その結果、不特定かつ多数の消費者に著しい不利益を与えた場合は、適格の認定が取り消される（三四条一項五号）。

2　訴訟手続の特則

適格消費者団体は、その差止請求権を行使する手段として、訴えを提起することができる。この手続は、通常の民事訴訟であるが、法は若干の特則を定めている

(1)　書面による事前の請求

適格消費者団体が差止めを求める訴えを提起しようとするときは、訴えの被告となるべき事業者等に対して、あらかじめ、請求の要旨および紛争の要点等を記載した書面によって、差止請求をして、その到達時（四一条二項は、請求は、通常到達すべきであった時に到達したものとみなす）から一週間を経過した後に、はじめて訴えを提起することが許される。ただし、当該被告となるべき者が、適格消費者団体の差止請求を拒んだときは、一週間の経過を待たずに訴えを提起することが許される（四一条一項）。

(2)　差止めの仮処分

差止請求の訴えを提起しても、その請求を認容する判決が確定するか、請求認容判決に仮執行宣言が付されない限り、消費者契約法に違反する行為を強制的に差し止めることはできない。それらを待っていたのでは、違反行為により不特定かつ多数の消費者に損害が生じてしまう可能性があり、これを防止するためには、仮処分制度の利用が考えられる。消費者契約法はこの点につき特に規定を置いていないので、民事保全法の規定によることとなる。

差止めを命ずる仮処分は、訴訟における判決の確定を待たずに、差止請求権を暫定的に実現す

るものであり、仮の地位を定める仮処分に相当する。仮の地位を定める仮処分については、「争いがある権利関係について債権者に生ずる著しい損害又は急迫の危険を避けるため」仮処分が必要であることが要件である（同法二三条二項）。この規定にいう債権者とは、一般には、仮処分の申立人を指すが、消費者契約法に基づく差止請求のための仮処分においては、差止請求権を行使して申立てをする適格消費者団体ではなく、それにより法が保護しようとしている不特定かつ多数の消費者を指すものと解釈すべきであろう。

仮処分についても、訴えの提起と同様に、書面により請求をして、その到達時から一週間の経過後でなければ、申立てをすることができない（四一条三項）。

(3) 管轄裁判所および訴え提起の手数料

差止請求の訴えは、訴訟の目的の価額（訴額）の算定については、財産権上の請求でない請求に係る訴えとみなされ（四二条）、訴額は一四〇万円を超えるものとみなされる（民事訴訟法八条二項）ので、地方裁判所の事物管轄となる（裁判所法三三条一項一号、二四条一号）。

土地管轄については、原則として、被告とされた事業者等の普通裁判籍所在地を管轄する地方裁判所である（民事訴訟法四条）が、被告の（主たるもの以外の）事務所または営業所における業務に関して生じた事件の場合には、その事務所または営業所所在地を管轄する地方裁判所にも管轄が認められる（四三条一項、民事訴訟法五条五号）。さらに、契約の締結、勧誘行為など、差止めの対象となる事業者等の行為があった地を管轄する裁判所にも管轄が認められる（四三条二項）。

訴えの提起の手数料との関係では、訴額は一六〇万円とみなされ（民事訴訟費用等に関する法律四条二項）、それゆえ、訴え提起の手数料の額は一万三〇〇〇円となる（同法別表第一）。

⑷ 同一事業者を被告とする複数の訴訟の係属

差止請求権は適格消費者団体のそれぞれに与えられているので、ある適格消費者団体が差止請求の訴えを提起した場合も、他の適格消費者団体が、同一の事業者等に対して、同一の行為の差止請求の訴えを提起することは、妨げられない。

もっとも、同一事業者等に対して同一の行為の差止めを求める複数の訴訟を、それぞれ別々に審理することは、時間および費用の点で非効率であり、矛盾する判決が出る可能性もあって、妥当ではない。そこで、これらの訴訟が同時に同一の第一審または控訴審裁判所に係属している場合、その弁論および裁判は併合しなければならない（四五条。後述⑹参照）。また、複数の訴訟が異なる裁判所に係属している場合には、裁判所は、移送により、同一の裁判所に係属させ、弁論および裁判の併合を可能にすることができる（四四条。後述⑸参照）。

⑸ 移送

四四条は、民事訴訟法の一般規定による移送に加えて、特別の移送制度を設けている。裁判所は、他の裁判所に同一または同種の行為の差止請求に係る訴訟が係属していて、当事者の住所または所在地、尋問を受けるべき証人の住所、争点または証拠の共通性その他の事情を考慮して、相当と認められるときは、事件を他の裁判所に移送することができるのである（四四条）。同一または同種の行為を対象とする複数の差止請求訴訟は、争点や証拠が共通する場合など、同一の裁判所が審理をすることが、当事者、証人など関係人の便宜、手続の効率、事実認定または法律判断につき実質的に矛盾する判決がなされることの防止等の観点から、望ましい場合があるからである。この規定による移送は、広く「同種の行為の差止請求」に関する事件をも対象としているので、被告とされている事業者が異なる場合であっても、移送の可能性がある。いずれにしても移送するかどうかの判断は、裁判所の裁量による。

具体的には、甲裁判所にA事件が係属している場合において、乙裁判所にB事件が提起されたとき、B事件につき乙裁判所の判断で甲裁判所に移送する、というのが一般的な場合と思われる。しかし、逆に、甲裁判所がA事件を乙裁判所に移送すること、あるいは、各裁判所が管轄を有する丙裁判所に各事件を移送することも可能である。

もっとも、移送しただけでは、当然には同じ裁判官が複数の訴訟事件を担当することにはならず、統一的な審判を保障するためには、弁論および裁判を併合することが必要となる（後述(6)参照）。移送は、弁論および裁判の併合の前提条件を作り出すために必要な措置ともいえる。

(6) 弁論・裁判の併合

一般に、弁論の併合は、裁判所の訴訟指揮上の裁量的措置としてなされる（民事訴訟法一五二条）が、消費者契約法四五条一項本文は、特則として、請求の内容および被告（事業者等）が同一である訴訟が、同一の第一審裁判所または控訴裁判所に数個同時に係属する場合は、その弁論および裁判を併合してしなければならないものと定めている。

事業者等の違反行為に対して、複数の適格消費者団体がそれぞれ差止請求権を有するとされているので、同一の事業者等に対して同一の違反行為を理由とする差止請求訴訟が、複数の適格消費者団体により、各別に係属する可能性がある。しかし、各訴訟の争点および証拠には、共通するところが多く、また、一つの訴訟について判決が出され確定すると、他の適格消費者団体は同一内容の差止請求をすることができなくなる（係属中の他の訴訟については請求棄却の判決をすることになる）という関係がある（一二条の二第一項二号）。そこで、複数の訴訟について弁論および裁判を統一的に行う必要性・合理性が通常の場合に比べて大きいので、通常は裁量に任されている併合の措置が、この場合は義務付けられているのである。

なお、弁論または裁判の併合をするためには、各訴訟事件が同一の（官署としての）裁判所に係属していることが必要であるが、四四条はこの前提条件を整えるために移送を許容している（前述(5)参照）。

もっとも、審理の状況その他の事情を考慮して、著しく不相当であると認められる場合は、併合は義務付けられていない。たとえば、適格消費者団体Aが原告の訴訟においては、証拠調べが終わり判決をすべき段階にあるのに対して、適格消費者団体Bが原告の訴訟においては、Aが原告の訴訟とは異なる証拠が提出されその取り調べにかなり時間がかかるとか、Aが原告の訴訟にはなかった争点があり審理に相当の時間がかかる、というような場合がこれにあたる。

なお、当事者は、併合されるべき複数の訴訟が同時に係属していることを裁判所に申し出なければならない（四五条二項）。併合すべき関係にある訴訟が係属していても、各裁判所は、互いにそのことを知っているとは限らないので、事情をよく知っている当事者が、申出により併合措置の発動を求めるのが妥当であるというのが、規定の趣旨である。もっとも、併合は裁判所が職権でとる措置であるから、この規定は、併合について当事者に申立権を与えるものではなく、当事者が併合の要件が存在することを裁判所に知らせることによって、裁判所の職権発動の機会を与える趣旨にすぎない。

(7) 訴訟手続の中止

四六条は、確定判決等があるにもかかわらず他の適格消費者団体の差止請求が許される例外的場合（前述1―(2)―(エ)）を考慮した暫定的措置として、他の適格消費者団体が提起した差止請求訴訟の中止を可能とする規定である。確定判決等を得た適格消費者団体につき、適格認定の取消しや取消事由の認定がなされる可能性が現実的にあるが、まだそれらの手続が終了しない場合に、確定判決等の存在を理由に他の適格消費者団体の差止請求を棄却してしまうことは、問題であるので、次のように対処できる。

内閣総理大臣は、確定判決等を得た適格消費者団体につき、三四条一項四号の事由があると疑うに足りる相当な理由がある場合であって、適格認定の取消しまたは取消事由該当事実の認定をするかどうかの判断に相当の時間を要すると認める場合には、他の適格消費者団体の訴訟が係属する裁判所にその旨および判断に要すると認められる期間を通知し（四六条一項）、通知を受けた裁判所は、通知された期間が経過するまで、訴訟手続を中止することができる（四六条三項）。内閣総理大臣は、前項の規定による通知をした場合には、その通知に係る期間内に、認定の取消し等をするかどうかの判断をし、その結果を受訴裁判所に通知するものとする（四六条二項）。

これにより、他の適格消費者団体の提起した訴訟を審理する裁判所は、確定判決等の存在により差止請求権の行使が制限される場合であるのかどうかを確かめたうえで、その後の審理・判決をすることができることとなる。具体的には、内閣総理大臣による認定の取消しまたは取消事由該当事実の認定があれば、審理を続行し、逆に、それらの措置がなされなければ、ただちに他の適格消費者団体の請求を棄却する判決を下すことになる。

(8) 訴訟上の和解・請求の放棄

差止請求の訴えを提起した適格消費者団体が、それによって係属した訴訟を、相手方事業者との和解や請求の放棄によって終了させることは、民事訴訟法の規律に基づき、可能である。しかし、和解や請求の放棄は、当事者の意思に基づいて裁判所の判断によらずに訴訟を終了させるものなので、差止請求権の適正な行使によって保護されるはずの消費者の利益を害するおそれがある。和解や請求の放棄がなされると、確定判決と同一の効力があるので（民事訴訟法二六七条）、他の適格消費者団体は、同一の事業者等を相手方として同一の内容の差止請求をすることができなくなり（一二条の二第一項二号）、特定の適格消費者団体が行った和解や請求の放棄が不特定かつ多数の消費者に不利益となる危険がある。そこで、消費者契約法は、以下のような規制をしている。

適格消費者団体がこれらの行為をしようとするときは、遅滞なく、他の適格消費者団体に通知するとともに、内閣総理大臣に報告しなければならない（二三条四項一〇号）。通知または報告の懈怠、虚偽の通知または報告に対しては、罰金刑が科せられる（五三条三号）。和解が成立したときまたは請求の放棄をしたときも、同様に、他の適格消費者団体への通知と内閣総理大臣への報告とが必要である（二三条四項七号・九号）。

このほか、一般に、適格消費者団体は、差止請求権の行使について相互に連携を図りながら協力するように努めなければならないとされており（二三条三項、前述Ⅲ―３―⑵）、差止請求の訴えを提起した適格消費者団体が訴訟を和解や請求の放棄により終了させようとする場合には、他の適格消費者団体との連絡や協議を行うことが要請される。また、適格消費者団体は、和解や請求の放棄の内容その他必要な情報を消費者に提供するよう努めなければならない（二七条）。

適格消費者団体が、事業者等と通謀して、請求の放棄をしたり、不特定かつ多数の消費者の利益を害する内容の和解をしたときは、適格消費者団体としての認定の取消事由となる（三四条一項四号。前述Ⅲ―4―⑶参照）。また、適格消費者団体の役員、職員または専門委員が相手方である事業者等から、和解や請求の放棄の報酬として金銭その他の財産上の利益を受けたり、当該適格消費者団体その他の第三者に受けさせたときは、三年以下の拘禁刑または三〇〇万円以下の罰金に処せられる（四九条）。適格消費者団体の代表者等がこのような違反行為をした場合は、その適格消費者団体も罰金刑に処せられる（五二条）。

⑼ 強制執行

差止めを命ずる判決が確定した場合、差止請求訴訟で被告が原告の請求を認諾した場合、差止めを内容とする（被告が違反行為の停止を約束した）裁判上の和解もしくは調停が成立した場合、または差止めを命ずる仲裁判断について執行決定が確定した場合に、事業者等が判決に従わず、禁止された行為を繰り返す場合は、これらの債務名義を得た適格消費者団体（債権者）は、強制執行の手続をとることができる。手続は、間接強制の方法による（民事執行法一七二条）。なお、他の適格消費者団体は、原則として、強制執行を行うことはできない。

間接強制とは、裁判所が、事業者等（債務者）に対して、違反行為を停止しない限り、一定の金銭（間接強制金）の支払いを命ずる決定をすることで、判決の遵守を心理的に強制する方法である。裁判所は決定をするにあたり、債務者を審尋してその言い分を聴く必要がある（同法一七二条三項）。決定の内容としては、違反行為をやめない限り一日当たり〇〇円を支払えという方式と、裁判所が定める期間内に違反行為をやめないときは〇〇円を支払えという方式とがある。

支払いを命ずる金銭の額は、債務の履行を確保するため、つまり債務者に違反行為をやめさせるのに相当であると、裁判所が裁量的に判断する金額である（同条一項）。同じ違反行為であっても、多くの財産を有している債務者に対しては、そうでない債務者よりも、多額の金銭の支払いを命ずることがある。違反行為によって発生する損害額は、間接強制金の決定にあたって、考慮すべき一つの要素ではあるが、その金額は必ずしも損害額と対応するわけではない。支払いを命じた金額が実際の損害額より少なければ、債権者はなお損害賠償を請求することができる（同条四項）が、逆に、間接強制金を受領した債権者は、その額が実際の損害額より多い場合でも、債務者に返還する必要はない。

消費者契約法は、間接強制金の決定にあたって、民事執行法の特則として、債務不履行により不特定かつ多数の消費者が受けるべき不利益を特に考慮しなければならないと定める（四七条）。これは、差止請求により保護される利益の帰属主体が、請求権が帰属する適格消費者団体ではなく、不特定多数の消費者であることから、債権者（適格消費者団体）ではなく利益の帰属主体が受ける不利益を考慮すべきである、という趣旨である。

間接強制決定が出されたにもかかわらず、債務者がなお違反行為をやめない場合は、債権者は、この決定に基づいて（民事執行法二二条三号）、金銭執行（債務者の有する財産の差押え・換価）をすることによって、強制的に間接強制金を取り立てることができる。

差止めを命ずる判決は、将来の違反行為の禁止だけでなく、違反行為に供した物の廃棄または除去など、被告事業者等に作為を命ずる内容を含む場合もある（一二条一項）。この作為を命ずる部分について、上述の間接強制の方法をとることも可能であるが（民事執行法一七三条）、多くの場合は、代替執行の方法により行われる（同法一七一条）。代替執行とは、裁判所の決定（授権決定）により、第三者が債務者に代わって作為を実施することを許し、その費用を債務者に支払わせる方法である（民法四一四条二項）。代わりに作為を実施する第三者の資格等について、特に規定はないが、債権者の申立てに基づいて、授権決定の中で執行官が指定されることが多い。

⑽ 適格消費者団体の差止請求権行使と個々の消費者

適格消費者団体は、差止請求の訴えの提起、和解もしくは調停の申立て、仲裁合意、書面による事前の請求または裁判外の差止請求をしたとき、差止請求につき判決が言い渡されたとき、調停が成立したとき、裁判上または裁判外の和解が成立したときなどにおいては、遅滞なく、その事実および内容を、他の適格消費者団体に通知し、また、内閣総理大臣に報告しなければならない（二三条四項）。また、適格消費者団体は、判決、仮処分の決定、調停の成立、和解などの内容その他必要な情報を消費者に提供するよう努めなければならない（二七条）。他方、適格消費者団体から報告を受けた内閣総理大臣は、インターネット等を通じて、他の適格消費者団体に内容を伝達し（二三条五項）、また重要な情報を公表する（三九条）。これらにより、一般消費者や他の事業者は、比較的容易に、差止請求に関連する情報を得ることができるものと考えられる。

適格消費者団体の差止請求権行使により生じた確定判決等は、訴訟等の当事者である団体と相手方事業者等との間で、既判力、執行力等の効力を生ずるにすぎず（民事訴訟法一一五条）、特に明文の規定がないので、個々の消費者には効力を及ぼさない。

消費者契約法により無効とみなされる契約条項につき、適格消費者団体の差止請求を認める判決が確定し、または確定判決と同一の効力を有するものが成立した場合に、個々の消費者が、事業者等との紛争において、この確定判決等を援用して、当該条項の無効を主張できるかどうか問題となる。差止請求訴訟程度の新設にあたり、使用を差し止められた条項は無効とみなす旨の規定（ドイツの差止訴訟法一一条参照）を置くべきか、議論されたが、実現しなかった。ただし、解釈論としては、事業者等が個々の消費者に対して、差止めを命じられた契約条項が有効であると主張することは、信義則に反すると論ずる余地があろう。事業者等の不作為義務は、形式的には原告となった適格消費者団体に対する義務ではあるものの、実質的には、差止請求権によって保護されるべき不特定かつ多数の消費者に対して負っている義務と考えられるからである。また、適格消費者団体の差止請求の内容として、単に当該条項の使用の禁止を求めるだけではなく、当該条項が有効であると主張することの禁止を求めることも可能ではないかと考えられる。

第2部　消費者裁判手続特例法

Ⅰ　改正の概要

「消費者の財産的被害等の集団的な回復のための民事の裁判手続の特例に関する法律」（以下、「特例法」と略す。平成二五年一二月一一日公布、平成二八年一〇月一日施行）は、事業者の違法な活動により多くの消費者が被害を受けた場合に、消費者団体が手続の主体となって、消費者に生じた被害を集団的に回復するために、新たな制度を設けた。しかし、これまでのところ、同法に基づいて提訴された事件は五件にすぎず、新たな制度の利用は活発とはいえない状況にあった。そこで、令和四年に、消費者の被害を救済しやすく、消費者が利用しやすい制度に進化させ、また、制度を担う消費者団体が活動しやすくすることをめざして、同法の改正がなされた（令和四年法律第五九号）。改正の概要は以下の通りである。

1　救済の対象となる損害の範囲の拡大

これまでは、精神上の苦痛を受けたことによる損害の賠償（慰謝料）の請求は、制度の対象外であったが、改正法は、救済の対象範囲を拡大している。慰謝料の額の算定の基礎となる主要な事実関係が相当多数の消費者について共通し、かつ、①財産的請求と併せてそれと共通する事実上の原因に基づく慰謝料を同一の訴えで請求する場合（三条二項六号イ）、または、②事業者の故意によって生じた損害について慰謝料を請求する場合（同号ロ）には、一連の手続により、消費者が救済されることになる。たとえば、大学入試における性別等による差別の事案で、受験料相当額等と併せて慰謝料を請求する場合、多数の顧客の個人情報が名簿屋に売却されて漏洩したことによる慰謝料を請求する場合などが想定される。

2　被告の拡大

これまでは、共通義務確認訴訟の被告は、事業者に限られており、法人である事業者の代表者および従業員等の個人を被告とすることはできなかったが、改正法は、一定の要件を充たす事業監督者および被用者を被告とすることを認めている。

具体的には、事業者の被用者が消費者契約に関する業務の執行について第三者に損害を加えた場合で、事業者に故意または重過失があるときに、①当該被用者の選任およびその事業の監督について故意または重大な過失により相当の注意を怠った事業監督者を、民法七一五条二項に基づく請求に関して被告とし（三条一項五号ロ、同条三項三号ロ）、また、②第三者に損害を加えたことについて故意または重大な過失がある被用者を、不法行為に基づく損害賠償請求に関して被告とすることが認められる（三条一項五号ハ、同条三項三号ハ）。

この改正により、法人である事業者の悪徳商法で、主導的役割を果たした個人を被告として消費者の被害を集団的に回復することが可能となる。

3　手続の早期（第一段階）における和解による解決の促進

特定適格消費者団体が事業者等を被告として提訴した共通義務確認の訴え（第一段階の手続）において、これまでも和解による解決は許されていたが、それは、当該訴訟の訴訟物である共通義務の存否に関するものに限られていた。改正法は、この制限を撤廃しており、共通義務の存否にふれることなく、共通義務に係る対象債権以外の金銭の支払請求権（これを一一条二項は「和解金債権」と呼ぶ。実際の和解契約では、しばしば「解決金」と表示される）の存在を認めたり、その支払いを約束したりする和解や、金銭の支払い以外の方法での解決を内容とする和解、被告が個々の消費者への支払いを行う旨の和解など、様々な態様の和解によって、第一段階の手続を終了させることを可能にしている。

また、これまでは、第一段階の手続が共通義務を認める内容の和解で終了しても、個々の消費者の請求権（対象債権）の実現のためには、簡易確定手続（第二段階の手続）を経る――和解の当事者であった特定適格消費者団体は簡易確定手続の申立てをする義務を負う――ことが原則であった。改正法は、以下については、特定適格消費者団体の簡易確定手続申立て義務を負わないものとして、簡易確定手続を経ずに和解内容を実現できるようにしている。それは、共通義務に係る対象債権につき成立した和解において、その額または算定方法のいずれかが定められている部分（一五条二項但書）、および共通義務に係る対象債権以外の金銭の支払請求権（和解金債権）について和解が成立した場合（一五条三項参照）である（ただし、いずれの場合も、当該和解において、簡易確定手続開始の申立てをすべきことが定められているときは、この限りでない）。

4　消費者への情報提供方法の充実

共通義務確認訴訟が終了し、第二段階の簡易確定手続が開始された場面においては、個々の消費者が簡易確定手続申立団体に授権をすることにより、自己の請求権を行使する必要があるが、その前提として、個々の消費者が簡易確定手続の開始に関して情報を得ることが重要である。消費者に対する情報提供は、従来は、主に、簡易確定手続申立団体が知れている対象消費者への通知と公告をする方法でなされていたところ、改正法は、従来の方法に加えて、相手方による情報提供方法を充実させている。

相手方は、簡易確定手続申立団体の求めがあるときは、知れている対象消費者に通知をする義務を負い（二八条）、また、相手方は、簡易確定手続申立団体の照会に対して、対象消費者等の数の見込み、知れている対象消費者等の数、相手方通知をする時期の見込みなどにつき、回答する義務を負うものとされている（三〇条）。さらに、改正法は、相手方が対象消費者の氏名および住所または連絡先が記載された文書等を所持する場合に、あらかじめ開示がされなければその開示が困難となる事情があること等の所定の要件を満たすときには、一段階目の手続の時点で裁判所が開示を命ずることができるものとする（保全開示命令。九条）。裁判所による開示命令は、従来は、第二段階の手続の開始後に限られていた（情報開示命令。三二条）。

5　消費者団体訴訟等支援法人の制度の新設

改正法は、制度の活性化をめざして、特定適格消費者団体の負担を軽減する措置として新たに「消費者団体訴訟等支援法人」の制度を設けた（九八条〜一一三条）。これは、特定適格消費者団体の委託に基づき、対象消費者等に対する情報の提供、金銭の管理などの被害回復関係業務に付随する事務、特定適格消費者団体と相手方との合意に基づき、対象消費者等への通知など被害回復裁判手続において相手方が行うべき事務、特定適格消費者団体に対する助言、被害回復関係業務に関する情報の公表などの支援業務を行う法人（特定非営利活動法人、一般社団法人、一般財団法人）を国が認定する制度である（後述Ⅳ参照）。

Ⅱ　消費者被害の集団的回復のための手続

1　手続の特色

(1)　二段階構造

この手続の最大の特色は、事業者等（相手方）が、消費者契約に関して財産的被害を受けた相当多数の消費者に対して、これらの消費者に共通する事実上および法律上の原因に基づき、個々の消費者の事情によりその金銭の支払請求に理由がない場合を除いて、支払義務を負うかどうか（これを共通義務という。二条四号）を確定する訴訟手続（第一段階）と、この支払義務が確定された場合に、個々の消費者が当該相手方に対して金銭の支払請求権（債権）を有するかどうかを確定する手続（第二段階）の二段階構造となっていることである。

第二段階の手続には、多数の消費者が債権を届け出た場合でも遅滞なく円滑に処理ができるようにするための工夫がみられる。届出債権を相手方が争わない場合は、届出消費者表に確定判決と同一の効力を与えて、その後の強制執行を可能にし（四五条五項）、また、争った場合の審理は、口頭弁論が不要な決定手続で、証拠方法も書証に限定して行うことによって、簡易迅速に判断する（四七条、四八条）。そして、裁判所の決定に対して異議申立てがなされなければ、やはり確定判決と同一の効力を認め、異議申立てがあった場合に限って、訴訟手続によって届出債権を確定する仕組みとされているのである（四九条、五六条）。

実体法上の権利の存否についての争いを簡易迅速に解決する手続を設けながら、最終的には正式の訴訟手続での解決を保障する方式は、近時、倒産手続での倒産債権の確定手続（破産法一二四条～一二六条、民事再生法一〇四条～一〇六条など）や犯罪被害者の保護のために設けられた損害賠償命令の制度（犯罪被害者保護刑事手続法二三条、二四条）でも採用されている。

(2)　消費者団体の積極的役割

この二段階の手続の双方において、個々の消費者ではなく、消費者団体が当事者として手続を追行する構造となっている。第一段階の手続の開始申立て（共通義務確認の訴えの提起）をすることができるのは、消費者団体に限られている（三条一項）。第一段階の手続で原告消費者団体の請求を認容する判決が確定しまたは請求が認諾されたときは、原則として、その消費者団体は、第二段階の手続（簡易確定手続）の開始の申立てをしなければならない（一五条）。

さらに、第二段階の手続が終了し、個々の消費者の債権が確定した場合に、消費者団体は、その実現のため、届出消費者表の記載により強制執行手続を行うことができる（四五条五項、五〇条二項）。なお、簡易確定決定に対して異議が申し立てられ、その後の訴訟手続での判決によって債権が確定した場合については、明文の規定はないが、消費者団体が原告として債務名義（確定判決）を取得したのであるから、個々の消費者の債権の実現のために、やはり消費者団体が強制執行手続を行うことができる（執行担当）と解される。

第二段階の手続を進めるには、個々の消費者からの授権が必要であるが、消費者団体は、原則として個々の消費者からの授権を拒むことができず（三四条一項、五七条四項）、授権をした消費者のために、公平・誠実に手続を追行し、手続に伴って取得した金銭その他の財産の管理をしなければならず、授権をした消費者に対して善良な管理者の注意をもって手続を追行しなければならない（三七条、五七条六項・七項）。

(3) 個々の消費者の地位

(ア) 第一段階の手続への不参加

第一段階の手続には、個々の消費者はまったく関与しない。共通義務確認訴訟に補助参加することもできない（八条）。共通義務確認訴訟で原告の請求が棄却されても、その判決効は、個々の消費者には及ばず（一〇条）、その後、個々の消費者が事業者に対して個別的に権利を行使することは妨げられないので、第一段階の手続に個々の消費者が関与する機会がなくても、法律的に不利益は生じない。

もっとも、原告が敗訴した結果、他の特定適格消費者団体も、同じ共通義務にかかる確認訴訟を提起できなくなるし（一〇条）、また、個々の消費者が個別的に権利を行使するときに、原告敗訴判決の存在が、事実上、個々の消費者に不利益に作用することは否定できない。このような消費者の事実上の不利益に対して、法は、以下のような仕組みを通じて、原告の適切な訴訟追行を間接的に保障することで対応している。

原告を、内閣総理大臣が認定した特定適格消費者団体に限定し、団体が消費者のために被害回復関係業務（被害回復裁判手続に関する業務、この業務の遂行に必要な消費者の被害に関する情報の収集に係る業務、被害回復裁判手続に関する業務に付随する対象消費者に対する情報の提供および金銭その他の財産の管理に係る業務をいう。七一条二項）を適切に遂行することを義務付け（八一条）、その業務遂行を内閣総理大臣が監督する仕組みである（九一条、九二条）。

(イ) 第二段階の手続への消費者の意思の反映

第一段階で原告勝訴の判決が確定した場合には、個々の消費者の債権を確定する第二段階の手続が、勝訴判決を得た消費者団体の申立てによって開始されるが（一五条）、この手続により自己の債権の確定を求めるかどうかは、個々の消費者の意思に委ねられている。簡易確定手続が開始されると、当該消費者団体（「簡易確定手続申立団体」と呼ばれる。二一条）は、個々の消費者の債権を届け出て裁判所における確定手続を追行することになるが（三三条。債権届出をした簡易確定手続申立団体は、「債権届出団体」と呼ばれる。三四条七項）、届出には個々の消費者の授権が必要とされているからである（三四条）。

また、裁判所の簡易確定決定に対して、当事者（債権届出団体、相手方）が異議申立てをすると、その消費者団体が原告となる訴訟手続が開始されるが（五六条）、この段階でも、消費者団体が訴訟を追行するには、個々の消費者の授権が必要とされており（五七条）、自己の債権をその訴訟により確定するかどうかは、個々の消費者の意思に委ねられている。さらに、個々の消費者は、消費者団体にまかせず、みずから、事業者を相手に訴訟手続を追行することもできる（五七条三項参照）。なお、授権により自己の債権が届け出られた消費者（「届出消費者」と呼ばれる。三三条二項一号）は、簡易確定決定に対する固有の異議申立権が与えられており（四九条二項）、債権届出団体が異議申立てをしない場合であっても、異議申立てをして簡易確定決定の確定を阻止し、訴訟手続で自己の債権を確定してもらうことができる。

(ウ)　**消滅時効の完成猶予等**

個々の消費者が、共通義務確認訴訟の帰趨を見守っているうちに、自己の請求権が消滅時効にかかってしまうことを防ぐための規律が置かれている。

簡易確定手続（第二段階）において債権届出があった場合は、時効の完成猶予および更新に関しては、その前提となる共通義務確認の訴えを提起した時に、裁判上の請求があったものとみなされる（四一条）。

また、共通義務確認の訴えにつき取下げの効力が生じた場合、共通義務確認の訴えを却下する裁判が確定した場合、特定適格消費者団体がその義務に反して簡易確定手続開始の申立てをしなかった場合、簡易確定手続開始の申立てにつき取下げの効力が生じた場合または簡易確定手続開始の申立てを却下する裁判が確定した場合においては、個々の消費者が裁判の確定日、申立期間の満了日、取下げの効果の発生日などから六か月以内に、対象債権につき裁判上の請求等をすれば、共通義務確認の訴えの提起等の時に遡って時効の完成猶予の事由があったものとみなされ（六八条）、これにより消滅時効の完成を免れることができる。

⑷ 濫用の防止

特例法は、事業者に対する金銭の支払請求権自体は個々の消費者に帰属する権利であることを前提として――この点で、消費者契約法における差止請求権が、消費者団体に帰属するものと構成されているのと異なる――、個々の消費者の権利の実現の実効性を高めるために、裁判手続による権利の確定さらには強制執行の手続について、消費者団体が主要な役割を果たす仕組みを提供している。

同時に、特例法は、米国のクラスアクションについてしばしば指摘されている病理現象を十分に考慮し、本制度が濫用的に用いられ、事業者の正当な事業活動の障害になることのないように配慮している。①手続主体（原告、申立人）を消費者契約法で原告適格を与えられている適格消費者団体をさらに絞り込んだ特定適格消費者団体に限定し、その資格および活動を内閣総理大臣の認定制度により管理・監督すること（前述⑵および後述２—⑴参照）、②事業者に対して現実に支払請求をするにあたっては、個々の消費者の授権を要求していること（オプトイン型。前述⑶—(イ)参照）、③この手続により事業者に支払いを請求できる内容を限定していること（後述２—⑵参照）、などである。

２　手続の当事者、対象となる債権

⑴　特定適格消費者団体

第一段階の訴訟手続の原告および第二段階の決定手続の申立人となることができるのは、「特定適格消費者団体」である。消費者契約法において、所定の要件を備え内閣総理大臣の認定を受けることによって差止請求訴訟を提起できる資格を認められた消費者団体が「適格消費者団体」と呼ばれるが（同法二条四項、一二条、一三条。前述第１部Ⅲ参照）、そのうち、さらに特例法の定める要件を備えている団体だけが、「特定適格消費者団体」（二条一〇号）として、内閣総理大臣の認定を受けることができる（後述Ⅲ参照）。

⑵　対象となる債権

本制度により消費者団体が回復のための手続を行うことができる消費者の債権は、消費者の事業者に対する消費者契約に関する請求権で、以下のものに限定されている（三条一項）。

①契約上の債務の履行請求権、②不当利得の返還請求権、③契約上の債務の不履行を理由とする損害賠償請求権、④不法行為に基づく損害賠償請求権、⑤事業者の被用者が消費者契約に関する業務の執行について第三者に損害を加えた場合における、事業者に対する民法七一五条一項に基づく損害賠償請求権、事業監督者に対する民法七一五条二項に基づく損害賠償請求権または被

用者に対する不法行為に基づく損害賠償請求権。

なお、以上に該当する場合であっても、本制度では、以下の損害については賠償請求権を行使することができない（三条二項）。

①消費者契約の目的となるもの（または役務）の瑕疵または不法行為により、消費者契約の目的となるもの（または役務）以外の財産が滅失し、または損傷したことによる損害（いわゆる拡大損害）、②消費者契約の目的となるもの（または役務）が提供されなかったことにより、提供されていれば得るはずであった利益（得べかりし利益）の喪失、③人の生命・身体に関する損害、④精神上の苦痛を受けたことによる損害で、その額の算定の基礎となる主要な事実関係が相当多数の消費者について共通するものであり、共通義務確認の訴えにおいて同一の訴えにより、財産的請求と併せて請求されるものであって、財産的請求と共通する事実上の原因に基づくものまたは事業者の故意によって生じたものは、今回の改正により、手続の対象に含まれることとなった（前述I―1参照）。

また、共通義務確認の訴えは、上記の消費者の債権が、①相当多数の消費者に生じた財産的被害等についてのものであり、②消費者に共通する事実上および法律上の原因に基づくものであることを前提としている（二条四号）。講学上、①は多数性の要件、②は共通性の要件と呼ばれている。

3　手続の流れ

(1)　第一段階

(ア)　共通義務確認訴訟

特定適格消費者団体は、２―⑵で述べた消費者の債権に係る事業者等の義務につき、事業者等を被告として、共通義務確認の訴えを提起する。対象消費者が多数の事件については、特別に、高等裁判所所在地の地方裁判所、さらには東京地方裁判所または大阪地方裁判所にも管轄が認められている（六条）。複数の特定適格消費者団体が同一の共通義務について同一の事業者を被告として訴えを提起した場合は、口頭弁論および裁判は、併合してなされる（七条）。この訴訟での共通義務の有無に関する終局判決の効力は、他の特定適格消費者団体にも及ぶ（一〇条）ので、複数の団体が提起した訴えについて、矛盾のない判決をする必要があるからである。

この手続は通常の民事訴訟であり、共通義務の存在が認められれば、終局判決で請求が認容され、そうでなければ棄却される。もっとも、請求を認容する判決をしたとしても、事案の性質、当該判決を前提とする簡易確定手続において予想される主張および立証の内容その他の事情を考慮して、当該簡易確定手続において対象債権の存否および内容を適切かつ迅速に判断することが困難であると認めるときは、裁判所は、共通義務確認の訴えの全部または一部を却下することができる（三条四項）。第二段階の手続（簡易確定手続）において対象消費者の権利を迅速に確定する必要から、対象消費者の権利の確定にとって共通義務の存在が支配的であることが、本案判決の要件とされているのである。これは、講学上、支配性の要件と呼ばれ、前述した多数性、共通性の要件（２―⑵）とともに、共通義務確認の訴えに特有の訴訟要件である。

大学入試における違法な得点調整を理由に、大学が受験者（対象消費者）に対して納付した入学検定料等に相当する金銭支払義務を負う旨の共通義務確認訴訟について、受験者が受験に要した旅費および宿泊費に関しては、支配性の要件を欠くとして訴えの一部を却下した裁判例がある（東京地判令和二年三月六日判例時報二五二〇号三九頁）。また、被告が対象消費者に販売した商品の代金相当額の損害賠償義務を負う旨の共通義務確認訴訟について、対象消費者が商品の購入に至る経過は消費者ごとに様々であり、陳述書等により類型的に判断することは困難であるから、一定の割合の過失相殺を一律に判断することは難しい旨を述べて、支配性の要件を欠くものとして訴えを却下した裁判例がある（東京高判令和三年一二月二二日判例時報二五二六号一四頁）。

被告による請求の認諾（民事訴訟法二六六条）、または原・被告間での訴訟上の和解（一一条、民事訴訟法二六七条）により訴訟を終了させることも可能である。

(イ) 仮差押え

第一段階の手続を開始する前後の時点において、将来の強制執行に備えて、相手方の財産を保全しておく必要がある場合も多い。一般に金銭債権の保全をするためには民事保全法に定める仮差押えの手続が用意されているが、特例法は、その特則を定めている。通常、仮差押えは本案として給付の訴えを提起することを前提として行われるが、ここでは、共通義務確認の訴えが本案とされ、また、被保全権利としては、対象債権および対象消費者の範囲ならびに（第二段階の手続を経て）当該消費者団体が取得する可能性ある債務名義に係る対象債権の総額を明らかにすれば足りるものとされている（六一条三項、六三条一項参照）。

そして、第一段階の手続が終了しても、第二段階の手続（簡易確定手続または異議後の訴訟手続）が係属している間は、本案の訴えが係属しているものとみなされ、仮差押えの効力が存続するものとされている（六三条二項）。

なお、当該消費者団体が、仮差押えの対象とした財産について強制執行の申立てをし、または当該財産についてなされている強制執行もしくは担保権の実行手続において配当要求をするときは、届出債権を平等に取り扱うことが義務づけられている（六四条）。これは、第二段階において、個々の届出消費者の債権が確定する時期が、相手方の認否、簡易確定決定または異議後の訴訟の経過次第で、届出消費者ごとに異なる可能性があることから、仮差押えをした財産がもっぱら債権が早期に確定した届出消費者の満足に使い尽くされてしまうことがないように、当該消費者団体に配慮を義務付ける趣旨である。

(2) 第二段階

(ア) 簡易確定手続の開始と債権の届出

共通義務確認訴訟において原告の請求を認容する判決が確定したとき、被告が請求を認諾したとき、または共通義務を認める訴訟上の和解が成立したときは、原則として、その時点で当事者であった特定適格消費者団体は、個々の消費者の債権の確定のために、事業者を相手方として、簡易確定手続の開始を申し立てなければならない（一五条。申立義務が免除され、第一段階の手続で消費者の救済が完結する場合については、前述I―3参照）。申立期間は共通義務確認訴訟の終了後四か月である（一六条）。

申立てに基づいて裁判所が開始決定をする。決定書には、当該簡易確定手続が対象とする消費者の範囲および債権が記載される（二一条）。これを受けて、簡易確定手続申立団体が個々の消費者の債権を届け出るのであるが、届出をするには、個々の消費者の授権が必要である（三四条)。

(イ) 個々の消費者の授権を促すための措置

多くの消費者が積極的に債権届出の授権をするのでなければ、本制度の目的を達成することはできない。そこで特例法は、授権を促すために、様々な規律を置いている。

まず、裁判所は、開始決定と同時に、手続開始の申立てをした特定適格消費者団体(これを「簡易確定手続申立団体」という。二二条)による個々の消費者の債権の届出をすべき期間および債権届出に対して相手方が認否をすべき期間を決定し、開始決定の内容とともに公告する(二三条)。

簡易確定手続申立団体は、被害回復裁判手続の概要、同手続の事案の内容、共通義務確認訴訟の確定判決の内容、訴訟で認められた共通義務に係る対象債権・対象消費者の範囲、成立した和解で認められた和解金債権、対象債権等の額または算定方法、対象消費者が授権をする方法・期間などを公告し、また、同様の事項を知れている対象消費者に通知することを要する(二六条、二七条)。

これらにかかる費用は、一次的には、当該消費者団体が負担せざるをえない。債権届出の授権をした消費者から、報酬を得て費用を補填することは可能であるが(八二条)、それにも限度があろう。特定適格消費者団体が、被害回復関係業務の遂行に必要な資金をどのようにして確保できるかが、本制度の実効性を確保する鍵であり、今後、政府による支援も検討する必要がある(附則四条参照)。

相手方も、対象消費者の債権届出に協力する義務を負う。相手方は、簡易確定手続申立団体の求めがあるときは、求めに係る知れている対象債権者に対して、被害回復裁判手続の事案の内容、訴訟で認められた共通義務に係る対象債権・対象消費者の範囲、成立した和解で認められた和解金債権、簡易確定手続申立団体の名称等、対象消費者が授権をする期間などを通知しなければならず（二八条）、同様の事項を、インターネット、営業所その他の場所での掲示などの方法で公表しなければならない（二九条）。また、相手方は、簡易確定手続申立団体の照会に対して、対象消費者等の数の見込み、知れている対象消費者等の数、相手方通知をする時期の見込みなどにつき、回答しなければならない（三〇条）。

さらに、相手方は、簡易確定手続申立団体の求めがあるときは、保有する対象消費者の氏名・住所（連絡先）についてのデータ（文書または電磁的記録）を、当該団体に開示しなければならない（三一条）。相手方がこの開示義務に違反するときは、簡易確定手続申立団体の申立てに基づき裁判所が開示命令を発し、正当な理由がないのにこの命令に従わないときは、三〇万円以下の過料に処せられる（三三条）。

(ウ)　届出債権の確定

簡易確定手続申立団体が個々の消費者の債権を届け出ると、届出書が相手方に送達され（三八条）、裁判所書記官により届出消費者表が作成される（四四条）。相手方は、(イ)で述べた期間内に届出債権につき認否をしなければならない。相手方が届出債権を認めたときは、そのことが届出消費者表に記載され、これには確定判決と同一の効力が与えられ、債権届出団体はこれに基づき強制執行をすることができる（四五条。相手方が期間内に認否をしなかったときも同様である。）。

相手方が届出債権を争ったときは、今度は債権届出団体に相手方の認否を争う機会が与えられる（特例法四六条。争う旨の申出ができるのは、相手方の認否期間の末日から一か月である。）。そして、債権届出団体が相手方の認否を争わないときは、債権は、相手方の認否どおりに確定し、届出消費者表の記載に確定判決と同一の効力が認められる（五〇条）。なお、相手方が認否において届出債権の一部（届出消費者の一部あるいは届出債権の金額的一部）を認めていたときは、その限りで簡易確定手続申立団体は相手方に対して強制執行をすることができる（五〇条二項）。

(エ) 簡易確定決定

債権届出団体が相手方の認否を争ったときは、債権の存否・額についての判断は、裁判所が決定手続で判断する（四七条。簡易確定決定）。審理においては、当事者双方の審尋がなされるが、証拠調べは書証に限られる（四八条。文書提出命令なども利用できない）。裁判所が債権届出団体への届出債権の支払いを命ずる旨の決定（「届出債権支払命令」と呼ばれる）をする場合には、仮執行の宣言を付することができる（四七条四項）。

簡易確定決定に対しては、当事者および届出消費者に異議申立ての機会が与えられる（四九条。申立期間は簡易確定決定の送達から一か月）。期間内に異議申立てがなかった場合は、簡易確定決定に確定判決と同一の効力が与えられる（四九条六項）。

簡易確定手続に係る事件の記録の閲覧を請求できるのは、手続の当事者および利害関係を疎明した第三者に限られている（五四条）。

(オ) 訴訟手続による届出債権の確定

適法な異議の申立てがあったときは、仮執行の宣言を付したものを除き、簡易確定決定は効力を失い（四九条五項）、以後は、債権届出団体が原告、相手方を被告とする訴訟手続によって審理がなされる（五六条）。この訴訟は、通常の民事訴訟（給付訴訟）であるが、訴えの変更および反訴の提起は許されない（五八条）。ただし、仮執行の宣言を付した簡易確定決定（届出債権支払命令）は、異議申立ての後もその効力が存続し（四九条五項）、訴訟手続において、その当否が審査され、終局判決において、認可または取消しがなされることになる（五九条）。

なお、債権届出団体が上記の訴訟手続を追行するためには、届出消費者の授権が必要である（五七条。したがって、訴訟手続は、消費者団体が原告として届出消費者の授権に基づき届出債権につき訴訟を追行する訴訟担当の構造となる）。実際には、消費者の多くは、債権届出のための授権（三三条）をする段階で、この訴訟手続のための授権も一括してすることになろう。

(カ)　届出債権取立てのための強制執行

前述のように、消費者の債権が届出消費者表の記載により確定した場合については、債権届出団体がこれを債務名義として強制執行の手続をとることができる旨、明文で規定されている（四五条五項、五〇条二項）。簡易確定決定（届出債権支払命令）に対して異議申立てがなかった場合および異議申立後に債権届出団体が原告として追行した訴訟手続での終局判決が債務名義となる場合（民事執行法二二条一号または二号。届出債権支払命令を認可する判決もしくは支払いを命ずる判決が確定しまたは判決に仮執行宣言が付された場合）については、強制執行に関する明文の規定はない。しかし、債権届出団体が強制執行をすることができることは制度の趣旨からして明らかであろう。

債権届出団体が行う強制執行手続は、第三者の執行担当といえる。強制執行により実現すべき債権（執行債権）は、届出消費者個人に帰属するものであり、たとえ、債務名義が事業者に届出消費者団体への支払いを命じているとしても、届出消費者団体は、他人に帰属する執行債権のために執行手続を追行していることになるからである。

債権届出団体が強制執行を行うのに、届出消費者からの授権が必要か否か、見解が分かれている。特例法の立案担当者は、届出消費者の授権を不要との見解をとり、賛成する有力な見解があるが、権利確定手続が届出消費者の授権に基づく任意的手続担当であり、権利の確定と強制執行によるその実現とは、本質的に別の手続であることを考えれば、理論的には、執行手続の実体的正当性を認める根拠として、権利主体である届出消費者の授権が、権利の確定手続のための授権とは別に必要であると解すべきである。もっとも、現実には、債権届出団体は、簡易確定手続授権契約または訴訟授権契約において、届出消費者から強制執行手続についても授権を受けることになるのが普通であろう。これらの授権契約をするにあたり、消費者が、執行手続だけを自分の手に留保することは稀と思われるからである。

届出消費者が、債権届出団体を当事者とする債務名義に承継執行文（民事執行法二三条一項二号、二七条二項）の付与を受けて、自ら強制執行をすることができるか、についても見解が分かれる。現実に強制執行の段階に至ったときに、届出消費者が強制執行の着手時期や執行対象財産の選択など債権届出団体の方針に不満をもつことはありうるであろう。この場合に、届出消費者が自ら強制執行を行う権利は保障されなければならない。債権届出団体が行う強制執行の基礎に届出消費者の授権があると解するならば、承継執行文の付与の申立てにより、債権届出団体にした強制執行の授権は取り消されたものと考えるべきであろう。

Ⅲ　特定適格消費者団体

1　特定適格消費者団体とは

特定適格消費者団体とは、被害回復裁判手続を追行するのに必要な適格性を有する法人である適格消費者団体として内閣総理大臣の認定（特定認定）を受けた者をいう（二条一〇号）。被害回復裁判手続とは、共通義務確認訴訟の手続、簡易確定手続、異議後の訴訟の手続、特定適格消費者団体が対象債権等に関して取得した債務名義による民事執行の手続および取得する可能性のある債務名義に係る対象債権の実現を保全するための仮差押えの手続である（同条九号）。

特定適格消費者団体のみが、被害回復関係業務を行うことができる（七一条一項）。被害回復関係業務とは、①裁判外の和解を含む上記の被害回復裁判手続に関する業務を中核として、②被害回復裁判手続に関する業務の遂行に必要な消費者の被害に関する情報の収集に係る業務、③被害回復裁判手続に関する業務に付随する対象消費者等に対する情報の提供および金銭その他の財産の管理に係る業務をいう（同条二項）。

令和四（二〇二二）年一二月末時点で、特定適格消費者団体としての認定を四団体が受けている。共通義務確認訴訟は、四件、五事業者に対して提起されている。

2　特定適格消費者団体の認定等

(1)　特定認定の要件

特定認定を内閣総理大臣から受けるためには、次のような要件をすべて満たしている必要がある（七一条四項）。

①差止請求関係業務（消費者契約法一三条一項）を相当期間にわたり継続して適正に行っていること　「相当期間」として、消費者庁の「特定適格消費者団体の認定、監督等に関するガイドライン」（以下、「ガイドライン」と略す）は、原則として二年以上の期間としている（ガイドライン2(1)イ）。

②被害回復関係業務を適正に遂行するための体制および業務規程が適切に整備されていること

③一人以上の弁護士を理事として含む理事会が適切に設置・運営されていること

④被害回復裁判手続についての検討を行う部門において「専門委員」（消費者契約法一三条三項五号）が助言できる体制が整備されているなど、被害回復関係業務を適正に遂行することができる専門的な知識経験を有すると認められること

⑤被害回復関係業務を適正に遂行するに足りる経理的基礎を有すること

⑥被害回復関係業務に関して支払いを受ける報酬または費用がある場合には、その額や算定方法等について必要な事項を定めており、これが消費者の利益の擁護の見地から不当なものでないこと

⑦被害回復関係業務以外の業務を行うことによって被害回復関係業務の適正な遂行に支障を及ぼすおそれがないこと

なお、申請した適格消費者団体が、特例法、消費者契約法その他の消費者の利益の擁護に関する一定の法令違反で処分を受けてから一定期間が経過していない場合等には、特定認定を受けることができない（七一条六項。欠格事由）。

(2) 特定認定の手続

特定適格消費者団体としての認定を受けようとする適格消費者団体は、内閣総理大臣に特定認定の申請をしなければならない（七一条三項）。特定適格消費者団体に関する内閣総理大臣の権限は、消費者庁長官に委任されている（一一五条）ので、実際の業務は消費者庁が担当している。申請書には、定款や業務規定その他の所定の書類を添付しなければならない（七二条二項）。

申請があると、申請概要が公告され、一部の添付書類が公衆への縦覧に供されるので（七三条一項）、どのような適格消費者団体が特定認定を申請しているかが、公衆にもわかる。

特定認定がされると、その旨の公示がされる（七四条一項）。

なお、特定適格消費者団体でない者は、特定適格消費者団体であると誤認されるおそれのある表示をしてはならない（七四条三項）。

(3) 特定認定の更新、失効、取消し

特定認定の当初の有効期間は、適格消費者団体としての認定の有効期間の残存期間と同一期間となる（七五条一項）。特定認定の有効期間が経過したときは、特定認定の効力がなくなる（八〇条一項一号）。特定認定の有効期間の満了後も引き続き被害回復業務を行おうとする場合は、その有効期間の更新を受けなければならず（七五条三項）、更新されると六年間、特定認定を受けた特定適格消費者団体として活動することができる（七五条四項）。更新が認められるための要件は、認定の申請が認められるための要件とほぼ同様である（七五条七項）。

特定認定を受けた特定適格消費者団体は、特定認定を受けるための申請書に記載した事項や申請書の添付書類に記載した事項に変更があったときは、遅滞なく、内閣総理大臣にその旨を記載

した届出書を提出しなければならない（七六条）。

特定適格消費者団体の特定認定は、一定の場合に、内閣総理大臣によって取り消されることがある（九二条一項・二項）。

(4) 特定適格消費者団体の合併、事業譲渡、業務の廃止

特定適格消費者団体である法人の合併の場合に、特定適格消費者団体としての法的地位が、合併後の法人に承継されるかについて、①特定適格消費者団体である法人どうしの合併の場合と、②特定適格消費者団体である法人とその他の法人との合併の場合に分けて、必要な手続等の要件が定められている（七七条）。特定適格消費者団体である法人が適格消費者団体ではない法人と合併した場合には、地位の承継は認められない。

事業譲渡についても、同様に、①特定適格消費者団体間での事業譲渡の場合と、②特定適格消費者団体から適格消費者団体への事業譲渡の場合に分けて、必要な手続等の要件が定められている（七八条）。適格消費者団体ではない団体への事業譲渡による地位の承継は認められない（同条三項）。

特定適格消費者団体は、被害回復関係業務を廃止することができるが、内閣総理大臣にその旨を届け出なければならない（七九条一項）。業務の廃止により、特定認定の効力は消滅する（八〇条一項四号）。

3 被害回復関係業務等

(1) 被害回復関係業務の実施にあたっての責務等

特定適格消費者団体は、不特定かつ多数の消費者の利益のために、被害回復関係業務を適切に

実施しなければならず（八一条一項）、不当な目的でみだりに共通義務確認の訴えその他の被害回復関係業務を実施してはならない（八一条二項）。

特定適格消費者団体は、被害回復関係業務を行う場合、民事訴訟に関する手続等については、弁護士に追行させなければならない（八三条）。

特定適格消費者団体は、共通義務確認の訴えの対象消費者に対し、訴えを提起したこと、共通義務確認訴訟の確定判決の内容その他必要な情報を提供するよう努めなければならない（八八条）。

(2)　他の団体との協力

特定適格消費者団体は、被害回復関係業務について他の特定適格消費者団体と相互に連携を図りながら協力するように努めなければならず（八一条三項）。特定適格消費者団体と適格消費者団体の間でも、特定適格消費者団体が行う被害回復関係業務が円滑かつ効果的に実施されるよう、相互に連携を図りながら協力するように努めなければならない（八一条四項）。

特定適格消費者団体は、共通義務確認の訴えの提起、仮差押えの申立て、判決の言渡し、判決の確定といった共通義務確認訴訟の各段階、節目ごとに、他の特定適格消費者団体へその旨を通知するとともに、内閣総理大臣にその旨およびその内容を報告する義務を負う（八四条）。これらの通知や報告は、内閣総理大臣が管理し、すべての特定適格消費者団体および内閣総理大臣が書き込みと閲覧ができるウェブサイトに直接記録するという方法で行うこともできる。

また、内閣総理大臣は、特定適格消費者団体からこれらの報告を受けたときは、インターネットの利用その他適切な方法により、共通義務確認訴訟の確定判決等の概要、簡易確定手続開始決定の概要、特定適格消費者団体名、相手方事業者名等を公表するものとされる（九五条）。

(3) 消費者の個人情報保護

特定適格消費者団体が、消費者個人から収集した被害情報は、被害を受けた消費者の個人情報でもあるので、被害回復裁判手続の相手方である事業者その他の第三者が、被害を受けた消費者個人を識別することができる方法でその被害情報を利用する場合には、特定適格消費者団体は当該消費者の同意を取得しておかなければならない（八五条）。

(4) 守秘義務

特定適格消費者団体の役員、職員、専門委員には、正当な理由なしに、被害回復関係業務に関して知り得た秘密を漏らしてはならないとの守秘義務が課されている（八六条）。これらの者は、その職を辞した後もなお守秘義務を負う。

(5) 財産上の利益の受領

特定適格消費者団体またはその役員、職員、専門委員は、被害回復裁判手続に係る相手方から、その被害回復裁判手続の追行に関し、寄附金、賛助金その他名目のいかんを問わず、金銭その他の財産上の利益を受けてはならない（八九条一項・三項）。これらの財産上の利益を第三者に受けさせることも禁止されている（八九条二項）。

ただし、次のような場合については、例外として特定適格消費者団体が財産上の利益を受領することが認められている（八九条一項）。

①届出債権の認否、簡易確定決定、異議後の訴訟における判決等に基づく義務の履行として受けるとき

②被害回復裁判手続における判決等により訴訟費用を負担することとされた相手方から当該訴訟費用に相当する額の償還として受けるとき
③被害回復裁判手続における判決に基づく民事執行の執行費用に相当する額の償還として受けるとき

また、被害回復裁判手続の追行に関して相手方事業者がした不法行為による財産的損害、たとえば不当応訴の場合にかかった費用等については、賠償として受けることができる（八九条四項）。

(6) 報酬

特定適格消費者団体は、授権をした消費者との契約に基づいて、被害回復関係業務を行うことについて、消費者から報酬を受けることができる（八二条）。

(7) 被害回復関係業務以外の業務

特定適格消費者団体は、被害回復関係業務と適格消費者団体としての差止関係業務に支障がない限り、定款の定めるところにより、これら以外の業務を行うことができる（九四条）。ただし、被害回復関係業務に係る経理を他の業務に係る経理と区分して整理しなければならない（九〇条）。

4 監督

(1) 適合命令・改善命令

内閣総理大臣は、特定適格消費者団体が、特定認定のために必要な要件のいずれかに適合しなくなったときは、これらの要件に適合するために必要な措置をとるように命じることができ（九一条一項)、また、特定適格消費者団体の業務の適正な運営を確保するため必要があると認めるときは、業務の運営の改善に必要な措置をとるように命ずることができる(同条二項)。

(2) 特定認定の取消し

内閣総理大臣は、適格消費者団体が不正の手段により認定を受けた場合や、被害回復裁判手続対象消費者等の利益に著しく反する訴訟等の追行を行ったと認められる場合等において、特定認定を取り消すことができる(九二条一項・二項)。

(3) 手続を受け継ぐべき特定適格消費者団体の指定

被害回復裁判手続の当事者である特定適格消費者団体の特定認定が失効し、または取り消されたときは、内閣総理大臣は、当該被害回復裁判手続を受け継ぐべき特定適格消費者団体として他の特定適格消費者団体を指定するものとされている(九三条一項)。

共通義務確認訴訟における請求を認容する判決が確定した時等における特定適格消費者団体や、対象債権等に係る債務名義を取得した特定適格消費者団体について、特定認定が失効し、または取り消されたときも同様である(同条二項・三項)。

5 特定適格消費者団体への支援

特定適格消費者団体の行う共通義務確認の訴えは、消費者契約に関して相当多数の消費者に生じた財産的被害等について、これらの消費者に共通する事実上および法律上の原因に基づき、金銭を支払う義務を負うべきことの確認を求める訴えである(二条四号)ことから、多数の被害者に共通の事実上・法律上の原因があることを証明しなければならない。

そこで、そのような特定適格消費者団体の業務を支援するために、独立行政法人国民生活センターおよび地方公共団体は、特定適格消費者団体の求めに応じ、被害回復関係業務を適切に遂行するために必要な限度において、消費者と事業者との間に生じた苦情に係る相談情報を提供することができるとされている（九七条一項）。ただし、情報の提供を受けた適格消費者団体は、その情報を差止請求権の適切な行使の目的以外に利用・提供することはできない（同条二項）。

さらに、内閣総理大臣は、特定適格消費者団体の求めに応じて、当該特定適格消費者団体が被害回復裁判手続を適切に追行するために必要な限度において、当該特定適格消費者団体に対し、特定商取引法または預託等取引法に基づく処分に関して作成した書類で内閣府令で定めるものを提供することができる（九六条一項）。これらの書類の提供を受けた特定適格消費者団体は、被害回復裁判手続の用に供する目的以外で利用や提供することはできない（九六条二項）。

また、特定適格消費者団体が仮差押命令の申立て（六一条）をする際の担保を提供することが、国民生活センターの業務の一つとなっている（独立行政法人国民生活センター法一〇条八号）。重要消費者紛争の解決を図ることも国民生活センターの業務の一つである（同条七号）が、この業務が円滑かつ効果的に実施されるよう、特定適格消費者団体と国民生活センターその他の関係者は相互に連携を図りながら協力するように努めなければならないとされている（特例法八一条五項）。

Ⅳ　消費者団体訴訟等支援法人

1　消費者団体訴訟等支援法人とは

消費者団体訴訟等支援法人とは、内閣総理大臣の認定（支援認定）を受けて、下記の業務を行う団体をいう（九八条二項）。

①特定適格消費者団体の委託を受けて、対象消費者等に対する情報の提供、金銭の管理その他の特定適格消費者団体が行う被害回復関係業務に付随する事務を行うこと
②特定適格消費者団体とその被害回復裁判手続に係る相手方との合意により定めるところにより、相手方通知その他の当該相手方が行うべき被害回復裁判手続における事務を行うこと
③被害回復関係業務が円滑かつ効果的に実施されるよう、特定適格消費者団体に対する助言、被害回復関係業務に関する情報の公表その他の事務を行うこと
④内閣総理大臣の委託を受けて、特定適格消費者団体から報告を受けた共通義務確認訴訟の確定判決の概要、簡易確定手続開始決定の概要等の公表その他の事務を行うこと

2 消費者団体訴訟等支援法人の認定等

(1) 支援認定の要件

消費者団体訴訟等支援法人としての認定を内閣総理大臣から受けるためには、次のような要件をすべて満たしている必要がある（九八条一項）。

①特定非営利活動法人（NPO法人）、一般社団法人または一般財団法人であること
②適格消費者団体または特定適格消費者団体を支援する活動を行うことを主たる目的とし、現にその活動を相当期間にわたり継続して適正に行っていると認められること
③消費者の財産的被害等の防止および救済に資するための啓発活動および広報活動の実績が相当程度あること
④支援業務の実施に係る組織、支援業務の実施の方法、支援業務に関して知り得た情報の管理および秘密の保持の方法、支援業務の実施に関する金銭その他の財産の管理の方法その

他の支援業務を適正に遂行するための体制および業務規程が適切に整備されていること
⑤支援業務を適正に遂行するに足りる経理的基礎を有すること
⑥支援業務以外の業務を行うことによって支援業務の適正な遂行に支障を及ぼすおそれがないこと

なお、申請した団体が、特例法、消費者契約法その他の消費者の利益の擁護に関する一定の法令違反で処分を受けてから一定期間が経過していない場合や、暴力団員等が関与している場合等には、支援認定を受けることができない（九八条四項。欠格事項）。

(2) 支援認定の手続

消費者団体訴訟等支援法人の認定の申請は、内閣総理大臣に対して行うが、消費者団体訴訟等支援法人に関する内閣総理大臣の権限は消費者庁長官に委任されている（一一五条）。申請書には、定款や業務規定その他の所定の書類を添付しなければならない（九九条二項）。

申請があると、申請概要が公告され、一部の添付書類が公衆への縦覧に供されるので（一〇〇条一項）、どのような団体が支援認定を申請しているかが、公衆にもわかる。

内閣総理大臣が要件を満たしているかどうか、欠格事由に該当しないかどうかを判断して、支援認定の可否を決定する。申請団体について、暴力団員が関与しているとの疑いがある場合には、警察庁長官の意見を聴くものとされている（一〇〇条二項）。

支援認定がされると、その旨の公示がされる（一〇一条一項）。

なお、消費者団体訴訟等支援法人でない者は、消費者団体訴訟等支援法人であると誤認されるおそれのある表示をしてはならない（一〇一条三項）。

認定を受けた消費者団体訴訟等支援法人は、支援認定を受けるための申請書に記載した事項や申請書の添付書類に記載した事項に変更があったときは、遅滞なく、内閣総理大臣にその旨を記載した届出書を提出しなければならない（一〇二条）。

⑶ 消費者団体訴訟等支援法人の合併、事業譲渡、解散、支援業務の廃止

消費者団体訴訟等支援法人である法人の合併により、消費者団体訴訟等支援法人としての法的地位が合併後の法人に承継されるかについて、①消費者団体訴訟等支援法人どうしの合併の場合と、②消費者団体訴訟等支援法人とその他の法人との合併に分けて、必要な手続等の要件が定められている（一〇三条）。

支援業務に係る事業の全部譲渡についても、同様に、①消費者団体訴訟等支援法人である法人間での事業譲渡の場合と、②消費者団体訴訟等支援法人である法人からその他の法人への事業譲渡の場合に分けて、必要な手続等の要件が定められている（一〇四条）。

消費者団体訴訟支援法人である法人が解散した場合や支援業務を廃止した場合、内閣総理大臣にその旨を届け出なければならない（一〇五条一項）。解散や支援業務の廃止により、支援認定の効力は消滅する（一〇六条）。

3 支援業務等

⑴ 守秘義務

消費者団体訴訟等支援法人の役員、職員、これらの職にあった者には、正当な理由なしに、被害回復関係業務に関して知り得た秘密を漏らしてはならないとの守秘義務が課されている（一〇七条）。

⑵ 被害回復関係業務以外の業務

消費者団体訴訟等支援法人は、支援業務に支障がない限り、定款の定めるところにより、これら以外の業務を行うことができる（一〇八条一項）。その場合、消費者団体訴訟等支援法人は、①支援業務、②支援業務を除く適格消費者団体または特定適格消費者団体を支援する活動に係る業務、③その他の業務の三つに区分して、経理を行うことが求められている（一〇八条二項）。

4 監督

⑴ 帳簿書類等の作成・保存・提出

消費者団体訴訟等支援法人は、①帳簿書類の作成と保存（一〇九条）、②財務諸表等の作成（一一〇条一項）、③書類の備置き（一一〇条二項）、④内閣総理大臣への書類の提出（一一〇条三項）の義務を負っている。

⑵ 政府による監督

内閣総理大臣は、特例法の消費者団体訴訟等支援法人の章（第四章）の施行に必要な限度において、消費者団体訴訟等支援法人に対して、その業務や経理の状況に関する報告徴収や立入検査をすることができる（一一一条）。

また、内閣総理大臣は、消費者団体訴訟等支援法人が、支援認定のために必要な要件のいずれかに適合しなくなったときは、これらの要件に適合するために必要な措置をとるように命じることができ（一一二条一項）、また、消費者団体訴訟支援法人の業務の適正な運営を確保するため必要があると認めるときは業務の運営の改善に必要な措置をとるように命ずることができる（同条二項）。

(3) 支援認定の取消し

内閣総理大臣は、消費者団体訴訟等支援法人が不正の手段により支援認定を受けた場合や、支援業務の実施に関し、対象消費者等の利益に著しく反する行為をしたと認められる場合等において、支援認定を取り消すことができる（一一三条一項）。

第３部　法人等による寄附の不当な勧誘の防止等に関する法律

1　寄附不当勧誘防止法の制定

令和四（二〇二二）年七月に発生した安倍晋三元首相の銃撃事件をきっかけとして、霊感商法の問題が再び注目を集めることとなり、同年一二月に、「消費者契約法及び独立行政法人国民生活センター法の一部を改正する法律」と「法人等による寄附の不当な勧誘の防止等に関する法律」（以下、「寄附不当勧誘防止法」と略す）が成立し、公布された。

霊感商法については、平成三〇（二〇一八）年改正の消費者契約法において、霊感その他の合理的に実証することが不可能な特別の能力による知見の告知により消費者が困惑し、契約の申込みまたは承諾の意思表示をしたときは、消費者はその意思表示を取り消すことができる（同法四条三項六号、令和四年第一次改正で八号）とされたので、この要件に当てはまれば、契約の意思表示を取り消して、返金を求めることが可能である。

しかし、団体への寄附が、贈与等の契約としてではなく、遺贈や債務の免除という単独行為（両当事者の意思表示の合致ではなく、一方の意思表示のみで効果が生じる）の形で行われた場合には、消費者契約法は適用できない。また、消費者契約法は、消費者が裁判を通じて行使することができる権利を定める民事ルールであり、不当な勧誘を行った団体を行政が規制する仕組みが備わっていない。

寄附不当勧誘防止法のねらいは、不当な寄附の勧誘行為を禁止して、その違反に対して一定の行政措置や行政罰を科すとともに、単独行為の形で寄附が行われた場合にも、不当な勧誘によるものであるときは、その単独行為の意思表示を取り消すことができるものとして、寄附をする個人の保護を図ることにある。

2 対象となる寄附

寄附不当勧誘防止法でいう「寄附」は、個人（事業のために契約の当事者となる場合または単独行為をする場合におけるものを除く）と法人等との間で締結される契約であって、当該個人が当該法人等に対し無償で財産に関する権利を移転することを内容とする契約（当該財産またはこれと種類、品質および数量の同じものを返還することを約するものを除く）または個人が法人等に対し無償で財産上の利益を供与する単独行為をいう（二条）。ここで、「法人等」には、法人でない社団もしくは財団で代表者もしくは管理人の定めがあるものも含まれる（一条）。すなわち、個人が法人等に対して行う、契約としての寄附（無償契約としての贈与など）と単独行為としての寄附の両方を対象としている。

以上の定義からは、契約としての寄附は、消費者契約法でいう「消費者契約」から、個人が事業としてまたは事業のために寄附を受ける場合を除いたものとほぼ等しい。

なお、契約としての寄附には、「当該個人が当該法人等に対し当該法人等以外の第三者に無償で当該個人の財産に関する権利を移転することを委託することを内容とする契約」、すなわち、寄附を勧誘する法人等が寄附財産の受取人となるのではなく、第三者が受取人となる場合も含まれる（二条一号ロ）。

3 寄附の不当な勧誘の防止

(1) 配慮義務

寄附を勧誘する際の配慮義務として、①寄附者の自由な意思を抑圧し、適切な判断をすることが困難な状況に陥ることがないようにすること、②寄附により寄附者本人やその配偶者・本人から扶養を受ける親族の生活の維持を困難にすることがないようにすること、③寄附を勧誘する法人等を明らかにし、寄附される財産の使途について誤認させないようにすることが求められている（三条）。

配慮義務の違反に対しては、一定の行政措置が予定されているが（六条）、寄附者は寄附の意思表示を取り消すことはできず、民法の不法行為の要件を満たすほどの違法性を伴う場合に、損害賠償請求ができるにとどまる。

(2)　禁止行為

次の二種類の禁止行為が定められている。

第一に、寄附の勧誘に際して、次の六種類の行為を行い、勧誘を受ける個人を困惑させることが禁止される。すなわち、①不退去（四条一号）、②退去妨害（四条二号）、③勧誘をすることを告げずに退去困難な場所へ同行（四条三号）、④威迫する言動を交えて相談の連絡を妨害（四条四号）、⑤恋愛感情等に乗じて拒否した場合の関係の破綻を告知（四条五号）、⑥霊感等による知見を用いた告知（四条六号）である。これらは、消費者契約法四条三項の一号・二号・三号・四号・六号・八号にそれぞれ対応した勧誘行為である。

この禁止行為に違反した場合は、行政措置の対象となる（七条）とともに、勧誘を受けた個人は寄附の意思表示を取り消すことができる（八条）。

第二に、寄附のために借入れをするように要求したり、居住用不動産あるいは生活の維持に欠かせない個人事業用不動産を売却して資金を調達するように要求することが禁止される（五条）。この禁止行為に違反した場合は、行政措置の対象となる（七条）が、寄附の意思表示を取り消すことはできない。

(3) 行政措置

法人等が禁止規定に違反した場合、内閣総理大臣は、特に必要と認めるときは、法人等に対し必要な報告を求めることができる（七条一項）。法人等が多数の個人に対して違反行為をしており、引き続き違反行為をするおそれが著しい場合、行為の停止その他の必要な措置の勧告を行うことができ（七条二項）、勧告を受けた法人等が、勧告された必要な措置をとらなかった場合、措置をとるべきことを命じることができる（七条三項）。虚偽報告や命令違反の場合は、行政罰が科される（一六条〜一八条）。

他方、配慮義務が遵守されていない場合については、寄附の勧誘を受ける個人の権利の保護に著しい支障が生じていると明らかに認められ、かつ同様の支障が生じるおそれが著しいと認められるときに、内閣総理大臣は、遵守すべき事項を示して、これに従うように勧告することができる（六条一項）。勧告をするために、必要な限度で、報告を求めることができる（六条三項）。勧告を受けた法人等が勧告に従わない場合には、その旨を公表することができる（六条二項）。

内閣総理大臣が有する行政措置の権限は、消費者庁長官に委任されている（一四条）。

4 寄附の意思表示の取消し等

四条各号の禁止行為によって困惑させられたことにより寄附をした者は、その寄附の意思表示を取り消すことができる（八条一項）。ただし、寄附が消費者契約に該当する場合は、消費者契約法に基づく取消権を行使することになる。

取消権の行使期間については、原則として、消費者契約法に基づく取消権の場合（消費者契約法七条）と同様に、追認することができる時から一年、寄附の意思表示をした時から五年である（九条）。ただし、霊感等による知見を用いた告知（四条六号）の場合は、この点でも消費者契約法と同様に、追認することができる時から三年、寄附の意思表示をした時から一〇年である（九条）。

5　債権者代位権の特例

寄附の当事者である本人は、本法あるいは消費者契約法に基づいて取消権を行使して、寄附をした財産の返還を請求することができるが、本人がそのような主張をしていないのに、たとえ家族であれ、第三者が本人への返還、あるいは当該第三者への返還を求めることは原則としてできない。

その例外の場合の一つが、民法の債権者代位権の行使による場合である。たとえば、寄附者Aが団体Bの不当な勧誘により多額の金銭による寄附をしている場合、Aに融資をしているCとして、Aが自発的に融資金の返済をせず、かつAが無資力（債務超過）状態にある場合には、Cは、Aの有している寄附の意思表示の取消権を代わりに行使して（民法四二三条一項）、融資金相当額の金銭のCへの返還をBに対して請求することができる（民法四二三条の二）。

CがAに対して、子が親に対して有している扶養請求権（民法八七七条～八八〇条）や配偶者が他の配偶者に対して有している婚姻費用分担請求権（民法七六〇条）を有しており、Aがそれを履行していない場合も、同様に債権者代位権を行使することができる。ただし、Cの債権の履行期が到来していない間は、被代位権利を行使できない（民法四二三条二項）。そのため、Cは、来月分以降の扶養請求権や婚姻費用分担請求権を被保全債権として、Aの有する取消権を代位行使することはできない。

そこで、寄附不当勧誘防止法は、扶養請求権や婚姻費用分担請求権のような定期金債権の場合には、Cの有する債権のうち、履行期が到来していない部分についても保全するために、Aの取消権を代位行使したうえで、Bに対して供託を求めることができるとしている（一〇条二項）。

もっとも、未成年の子が扶養請求権を被保全債権とする場合は、家庭裁判所での調停または審判でその金額を定める手続が必要である。そのために、まずは、家庭裁判所に扶養義務を負う親の親権停止の請求（民法八三四条の二）を子ないし親族が行い、未成年後見人を選任してもらってから、扶養請求の手続を家庭裁判所で行い、その結果を受けて、地方裁判所で債権者代位権を行使することになるなど、手続的な負担が大きいし、金額的にも寄附金全額を取り戻せるわけではない。

6 寄附をした者等への支援

国は、八条一項の規定に基づき取消権を有する者、消費者契約法に基づき寄附の契約の意思表示についての取消権を有する者、一〇条の規定に基づき債権者代位権を行使できる者、民法四二三条に基づき債権者代位権を行使できる者が、その権利を適切に行使することができるように、日本司法支援センター（法テラス）と関係機関・団体の連携を強化し、必要な支援に努めることとされる（一一条）。

7 その他

本法の運用にあたっては、学問の自由、信教の自由、および政治活動の自由に十分配慮しなければならないとされる（一二条）。

8 施行期日

令和五（二〇二三）年一月五日から施行されている。ただし、禁止行為として、退去困難な場所に同行して寄附を勧誘すること（四条三号）、相談を行うために電話等で連絡することを威迫する言動を交えて妨げること（四条四号）と、それぞれの場合の寄附の意思表示の取消権（八条一項）については、令和五年六月一日から施行される。また、借入れ等による資金調達の要求の禁止（五条）、違反に対する措置等（第二章三節）、罰則（第六章）、刑法改正に伴う「拘禁刑」の読替規定（附則四条）については、令和五年四月一日から施行される予定である。

●消費者契約法

（平成一二年五月一二日法律第六一号）

施行、平一三・四・一

改正、（平二五まで省略）平二六―法七一・法一一八、平二八―法六一（平二九―法四五）、平二九―法四三・法四五（平二八―法六一、平三〇―法五四）、平三〇―法五四、**令四―法五九・法六八・法九九**

〔注〕本書では、すべての改正を織り込み、次の改正については、必要な箇所に当該施行日前まで有効な規定または注記を付した。なお、当該施行日から有効となる規定には☆印を付した。

・令四法六八　一部施行＝令四・六・一七から起算して三年を超えない範囲内において政令で定める日（以下本文注記中「令四法六八施行日」と記す）

目次

第一章　総則（第一条―第三条）
第二章　消費者契約
第一節　消費者契約の申込み又はその承諾の意思表示の取消し（第四条―第七条）
第二節　消費者契約の条項の無効（第八条―第一〇条）
第三節　補則（第一一条）
第三章　差止請求
第一節　差止請求権等（第一二条―第一二条の五）
第二節　適格消費者団体
第一款　適格消費者団体の認定等（第一三条―第二二条）
第二款　差止請求関係業務等（第二三条―第二九条）
第三款　監督（第三〇条―第三五条）
第四款　補則（第三六条―第四〇条）
第三節　訴訟手続等の特例（第四一条―第四七条）
第四章　雑則（第四八条・第四八条の二）
第五章　罰則（第四九条―第五三条）
附　則

第一章　総則

（目的）

第一条　この法律は、消費者と事業者との間の情報の質及び量並びに交渉力の格差に鑑み、事業者の一定の行為により消費者が誤認し、又は困惑した場合等について契約の申込み又はその承諾の意思表示を取り消すことができることとするとともに、事業者の損害賠償の責任を免除する条項その他の消費者の利益を不当に害することとなる条項の全部又は一部を無効とするほか、消費者の被害の発生又は拡大を防止するため適格消費者団体が事業者等に対し差止請求をすることができることとすることにより、消費者の利益の擁護を図り、もって国民生活の安定向上と国民経済の健全な発展に寄与することを目的とする。

（定義）

第二条　この法律において「消費者」とは、個人（事業として又は事業のために契約の当事者となる場合におけるものを除く。）をいう。

2この法律（第四十三条第二項第二号を除く。）において「事業者」とは、法人その他の団体及び事業として又は事業のために契約の当事者となる場合における個人をいう。

3この法律において「消費者契約」とは、消費者と事業者との間で締結される契約をいう。

4この法律において「適格消費者団体」とは、不特定かつ多数の消費者の利益のためにこの法律の規定による差止請求権を行使するのに必要な適格性を有する法人である消費者団体（消費者基本法（昭和四十三年法律第七十八号）第八条の消費者団体をいう。以下同じ。）として第十三条の定めるところにより内閣総理大臣の認定を受けた者をいう。

（事業者及び消費者の努力）

第三条　事業者は、次に掲げる措置を講ずるよう努めなければならない。

一　消費者契約の条項を定めるに当たっては、消費者の権利義務その他の消費者契約の内容が、その解釈について疑義が生じない明確なもので、かつ、消費者にとって平易なものになるよう配慮すること。

二　消費者契約の締結について勧誘をするに際しては、消費者の理解を深めるために、物品、権利、役務その他の消費者契約の目的となるものの性質に応じ、事業者が知ることができた個々の消費者の年齢、心身の状態、知識及び経験を総合的に考慮した上で、消費者の権利義務その他の消費者契約の内容についての必要な情報を提供すること。

三　民法（明治二十九年法律第八十九号）第五百四十八条の二第一項に規定する定型取引合意に該当する消費者契約の締結について勧誘をするに際しては、消費者が同項に規定する定型約款の内容を容易に知り得る状態に置く措置を講じているときを除き、消費者が同法第五百四十八条の三第一項に規定する請求を行うために必要な情報を提供すること。

四　消費者の求めに応じて、消費者契約により定められた当該消費者が有する解除権の行使に関して必要な情報を提供すること。

2消費者は、消費者契約を締結するに際しては、事業者から提供された情報を活用し、消費者の権利義務その他の消費者契約の内容について理解するよう努めるものとする。

（令四法五九第一項改正）

解説

事業者の努力義務の内容として、消費者への情報提供に関して、一項二号が拡張されるとともに、三号と四号が追加された。

契約締結の勧誘をする際の消費者への情報提供の努力義務として、改正前は、「個々の消費者の知識及び経験を考慮し」とされていたのが、「事業者が知ることができた個々の消費者の年齢、心身の状態、知識及び経験を総合的に考慮し」と改正され、事業者が考慮すべき事情が消費者の知識・経験以外にも拡張された（一項二号）。

また、消費者契約が民法でいう定型取引合意（民法五四八条の二第一項）に該当する場合において、事業者として消費者が定型約款の内容を容易に知ることができる状態に置く措置を講じている場合を除き、消費者が定型約款の内容の開示請求（民法五四八条の三第一項）を行うために必要な情報を提供する努力義務が定められた（一項三号）。

さらに、消費者契約により定められた解除権を消費者が行使する際にも、消費者の求めに応じて必要な情報を提供する努力義務が定められた（一項四号）。

第二章　消費者契約

第一節　消費者契約の申込み又はその承諾の意思表示の取消し

（消費者契約の申込み又はその承諾の意思表示の取消し）

第四条　消費者は、事業者が消費者契約の締結について勧誘をするに際し、当該消費者に対して次の各号に掲げる行為をしたことにより当該各号に定める誤認をし、それによって当該消費者契約の申込み又はその承諾の意思表示をしたときは、これを取り消すことができる。

一　重要事項について事実と異なることを告げること。　当該告げられた内容が事実であるとの誤認

二　物品、権利、役務その他の当該消費者契約の目的となるものに関し、将来におけるその価額、将来において当該消費者が受け取るべき金額その他の将来における変動が不確実な事項につき断定的判断を提供すること。　当該提供された断定的判断の内容が確実であるとの誤認

2　消費者は、事業者が消費者契約の締結について勧誘をするに際し、当該消費者に対してある重要事項又は当該重要事項に関連する事項について当該消費者の利益となる旨を告げ、かつ、当該重要事項について当該消費者の不利益となる事実（当該告知により当該事実が存在しないと消費者が通常考えるべきものに限る。）を故意又は重大な過失によって告げなかったことにより、当該事実が存在しないとの誤認をし、それによって当該消費者契約の申込み又はその承諾の

意思表示をしたときは、これを取り消すことができる。ただし、当該事業者が当該消費者に対し当該事実を告げようとしたにもかかわらず、当該消費者がこれを拒んだときは、この限りでない。

3 消費者は、事業者が消費者契約の締結について勧誘をするに際し、当該消費者に対して次に掲げる行為をしたことにより困惑し、それによって当該消費者契約の申込み又はその承諾の意思表示をしたときは、これを取り消すことができる。

一　当該事業者に対し、当該消費者が、その住居又はその業務を行っている場所から退去すべき旨の意思を示したにもかかわらず、それらの場所から退去しないこと。

二　当該事業者が当該消費者契約の締結について勧誘をしている場所から当該消費者が退去する旨の意思を示したにもかかわらず、その場所から当該消費者を退去させないこと。

三　当該消費者に対し、当該消費者契約の締結について勧誘をすることを告げずに、当該消費者が任意に退去することが困難な場所であることを知りながら、当該消費者をその場所に同行し、その場所において当該消費者契約の締結について勧誘をすること。

四　当該消費者が当該消費者契約の締結について勧誘を受けている場所において、当該消費者が当該消費者契約を締結するか否かについて相談を行うために電話その他の内閣府令で定める方法によって当該事業者以外の者と連絡する旨の意思を示したにもかかわらず、威迫する言動を交えて、当該消費者が当該方法によって連絡することを妨げること。

五　当該消費者が、社会生活上の経験が乏しいことから、次に掲げる事項に対する願望の実現に過大な不安を抱いていることを知りながら、その不安をあおり、裏付けとなる合理的な根拠がある場合その他の正当な理由がある場合でないのに、物品、権利、役務その他の当該消費者契約の目的となるものが当該願望を実現するために必要である旨を告げること。

イ　進学、就職、結婚、生計その他の社会生活上の重要な事項

ロ　容姿、体型その他の身体の特徴又は状況に関する重要な事項

六　当該消費者が、社会生活上の経験が乏しいことから、当該消費者契約の締結について勧誘を行う者に対して恋愛感情その他の好意の感情を抱き、かつ、当該勧誘を行う者も当該消費者に対して同様の感情を抱いているものと誤信していることを知りながら、これに乗じ、当該消費者契約を締結しなければ当該勧誘を行う者との関係が破綻することになる旨を告げること。

七　当該消費者が、加齢又は心身の故障によりその判断力が著しく低下していることから、生計、健康その他の事

項に関しその現在の生活の維持に過大な不安を抱いていることを知りながら、その不安をあおり、裏付けとなる合理的な根拠がある場合その他の正当な理由がある場合でないのに、当該消費者契約を締結しなければその現在の生活の維持が困難となる旨を告げること。

八　当該消費者に対し、霊感その他の合理的に実証することが困難な特別な能力による知見として、当該消費者又はその親族の生命、身体、財産その他の重要な事項について、そのままでは現在生じ、若しくは将来生じ得る重大な不利益を回避することができないとの不安をあおり、又はそのような不安を抱いていることに乗じて、その重大な不利益を回避するためには、当該消費者契約を締結することが必要不可欠である旨を告げること。

九　当該消費者が当該消費者契約の申込み又はその承諾の意思表示をする前に、当該消費者契約を締結したならば負うこととなる義務の内容の全部若しくは一部を実施し、又は当該消費者契約の目的物の現状を変更し、その実施又は変更前の原状の回復を著しく困難にすること。

十　前号に掲げるもののほか、当該消費者が当該消費者契約の申込み又はその承諾の意思表示をする前に、当該事業者が調査、情報の提供、物品の調達その他の当該消費者契約の締結を目指した事業活動を実施した場合において、当該事業活動が当該消費者からの特別の求めに応じたものであったことその他の取引上の社会通念に照らして正当な理由がある場合でないのに、当該事業活動が当該消費者のために特に実施したものである旨及び当該事業活動の実施により生じた損失の補償を請求する旨を告げること。

4　消費者は、事業者が消費者契約の締結について勧誘をするに際し、物品、権利、役務その他の当該消費者契約の目的となるものの分量、回数又は期間（以下この項において「分量等」という。）が当該消費者にとっての通常の分量等（消費者契約の目的となるものの内容及び取引条件並びに事業者がその締結について勧誘をする際の消費者の生活の状況及びこれについての当該消費者の認識に照らして当該消費者契約の目的となるものの分量等として通常想定される分量等をいう。以下この項において同じ。）を著しく超えるものであることを知っていた場合において、その勧誘により当該消費者契約の申込み又はその承諾の意思表示をしたときは、これを取り消すことができる。事業者が消費者契約の締結について勧誘をするに際し、消費者が既に当該消費者契約の目的となるものと同種のものを目的とする消費者契約（以下この項において「同種契約」という。）を締結し、当該同種契約の目的となるものの分量等と当該消費者契約の目的となるものの分量等とを合算した分量等が当該消費者にとっての通常の分量等を著しく超えるものであることを知っていた場合において、その勧誘により当該消費者契約の申込み又はその承諾の意思表示をしたときも、同様とする。

5　第一項第一号及び第二項の「重要事項」とは、消費者契約に係る次に掲げる事項（同項の場合にあっては、第三号に掲げるものを除く。）をいう。

一　物品、権利、役務その他の当該消費者契約の目的となるものの質、用途その他の内容であって、消費者の当該消費者契約を締結するか否かについての判断に通常影響を及ぼすべきもの

二　物品、権利、役務その他の当該消費者契約の目的となるものの対価その他の取引条件であって、消費者の当該消費者契約を締結するか否かについての判断に通常影響を及ぼすべきもの

三　前二号に掲げるもののほか、物品、権利、役務その他の当該消費者契約の目的となるものが当該消費者の生命、身体、財産その他の重要な利益についての損害又は危険を回避するために通常必要であると判断される事情

6　第一項から第四項までの規定による消費者契約の申込み又はその承諾の意思表示の取消しは、これをもって善意でかつ過失がない第三者に対抗することができない。

（令四法五九・法九九第三項改正）

解説

契約の申込みまたは承諾の意思表示を取り消すことができる場合として、新たに、勧誘することを告げずに、退去困難な場所に同行して勧誘する場合（三項新三号）と相談を行うために電話等で連絡することを威迫する言動を交えて妨害する場合（三項新四号）が追加された。二つの号の追加により、従来の号番号が繰り下げられた。

霊感等による知見の告知の場合（三項新八号）の取消権の要件について、①当該消費者のみならず、その親族に生じる重大な不利益の告知も含むこと、②将来生じる重大な不利益のみならず、現に生じている重大な不利益への不安に乗じる場合も含むこと、③重大な不利益を確実に回避できる旨ではなく、重大な不利益の回避のために当該契約の締結が必要不可欠である旨を告げることへの変更により、消費者による取消しの可能性が広げられた。

契約を締結すれば事業者が負うことになる義務を契約締結前に事業者が履行してしまって、消費者に契約締結への圧力をかける場合（三項旧七号）の取消権について、改正前は、「義務の内容の実施」のみが対象であったのが、改正により、「契約の目的物の現状を変更」が加えられた（三項新九号）。

（媒介の委託を受けた第三者及び代理人）

第五条　前条の規定は、事業者が第三者に対し、当該事業者と消費者との間における消費者契約の締結について媒介をすることの委託（以下この項において単に「委託」という。）をし、当該委託を受けた第三者（その第三者から委託（二以上の段階にわたる委託を含む。）を受けた者を含む。以下「受託

者等」という。）が消費者に対して同条第一項から第四項までに規定する行為をした場合について準用する。この場合において、同条第二項ただし書中「当該事業者」とあるのは、「当該事業者又は次条第一項に規定する受託者等」と読み替えるものとする。

2　消費者契約の締結に係る消費者の代理人（復代理人（二以上の段階にわたり復代理人として選任された者を含む。）を含む。以下同じ。）、事業者の代理人及び受託者等の代理人は、前条第一項から第四項まで（前項において準用する場合を含む。次条から第七条までにおいて同じ。）の規定の適用については、それぞれ消費者、事業者及び受託者等とみなす。

（解釈規定）

第六条　第四条第一項から第四項までの規定は、これらの項に規定する消費者契約の申込み又はその承諾の意思表示に対する民法第九十六条の規定の適用を妨げるものと解してはならない。

（令四法五九本条改正）

解説

「民法（明治二十九年法律第八十九号）」の（　）部分を削除する文言上の整理が行われた。

（取消権を行使した消費者の返還義務）

第六条の二　民法第百二十一条の二第一項の規定にかかわらず、消費者契約に基づく債務の履行として給付を受けた消費者は、第四条第一項から第四項までの規定により当該消費者契約の申込み又はその承諾の意思表示を取り消した場合において、給付を受けた当時その意思表示が取り消すことができるものであることを知らなかったときは、当該消費者契約によって現に利益を受けている限度において、返還の義務を負う。

（取消権の行使期間等）

第七条　第四条第一項から第四項までの規定による取消権は、追認をすることができる時から一年間（同条第三項第八号に係る取消権については、三年間）行わないときは、時効によって消滅する。当該消費者契約の締結の時から五年（同号に係る取消権については、十年）を経過したときも、同様とする。

2　会社法（平成十七年法律第八十六号）その他の法律により詐欺又は強迫を理由として取消しをすることができないものとされている株式若しくは出資の引受け又は基金の拠出が消費者契約としてされた場合には、当該株式若しくは出資の引受け又は基金の拠出に係る意思表示については、第四条第一項から第四項までの規定によりその取消しをすることができない。

（令四法九九第一項改正）

解説 取消権の行使期間について、霊感等による知見の告知の場合（四条三項八号）に限定して、追認をすることができる時から三年、契約の締結の時から一〇年に延長された。

第二節 消費者契約の条項の無効

（事業者の損害賠償の責任を免除する条項等の無効）

第八条 次に掲げる消費者契約の条項は、無効とする。

一 事業者の債務不履行により消費者に生じた損害を賠償する責任の全部を免除し、又は当該事業者にその責任の有無を決定する権限を付与する条項

二 事業者の債務不履行（当該事業者、その代表者又はその使用する者の故意又は重大な過失によるものに限る。）により消費者に生じた損害を賠償する責任の一部を免除し、又は当該事業者にその責任の限度を決定する権限を付与する条項

三 消費者契約における事業者の債務の履行に際してされた当該事業者の不法行為により消費者に生じた損害を賠償する責任の全部を免除し、又は当該事業者にその責任の有無を決定する権限を付与する条項

四 消費者契約における事業者の債務の履行に際してされた当該事業者の不法行為（当該事業者、その代表者又はその使用する者の故意又は重大な過失によるものに限る。）により消費者に生じた損害を賠償する責任の一部を免除し、又は当該事業者にその責任の限度を決定する権限を付与する条項

2 前項第一号又は第二号に掲げる条項のうち、消費者契約が有償契約である場合において、引き渡された目的物が種類又は品質に関して契約の内容に適合しないとき（当該消費者契約が請負契約である場合には、請負人が種類又は品質に関して契約の内容に適合しない仕事の目的物を注文者に引き渡したとき（その引渡しを要しない場合には、仕事が終了した時に仕事の目的物が種類又は品質に関して契約の内容に適合しないとき。）。以下この項において同じ。）に、これにより消費者に生じた損害を賠償する事業者の責任を免除し、又は当該事業者にその責任の有無若しくは限度を決定する権限を付与するものについては、次に掲げる場合に該当するときは、前項の規定は、適用しない。

一 当該消費者契約において、引き渡された目的物が種類又は品質に関して契約の内容に適合しないときに、当該事業者が履行の追完をする責任又は不適合の程度に応じた代金若しくは報酬の減額をする責任を負うこととされている場合

二 当該消費者と当該事業者の委託を受けた他の事業者との間の契約又は当該事業者と他の事業者との間の当該消費者のためにする契約で、当該消費者契約の締結に先立

って又はこれと同時に締結されたものにおいて、引き渡された目的物が種類又は品質に関して契約の内容に適合しないときに、当該他の事業者が、その目的物が種類又は品質に関して契約の内容に適合しないことにより当該消費者に生じた損害を賠償する責任の全部若しくは一部を負い、又は履行の追完をする責任を負うこととされている場合

3 事業者の債務不履行（当該事業者、その代表者又はその使用する者の故意又は重大な過失によるものを除く。）又は消費者契約における事業者の債務の履行に際してされた当該事業者の不法行為（当該事業者、その代表者又はその使用する者の故意又は重大な過失によるものを除く。）により消費者に生じた損害を賠償する責任の一部を免除する消費者契約の条項であって、当該条項において事業者、その代表者又はその使用する者の重大な過失を除く過失による行為にのみ適用されることを明らかにしていないものは、無効とする。

（令四法五九第二項改正・三項追加）

解説

免責の範囲が不明確な条項の無効が新たに定められた（三項）。本来、事業者の損害賠償責任の一部を免除する条項は、事業者の故意または重大な過失による場合は無効であるが（一項二号・四号）、この点をあいまいにして事業者に重大な過失がある場合においても、消費者からの損害賠償請求を断念させるように機能するおそれのある条項、すなわち、事業者の債務不履行または不法行為に基づく責任の一部を免除する条項であって、重大な過失を除く事業者の過失による行為にのみ適用されることを明らかにしていないものは無効とされる。

（消費者の解除権を放棄させる条項等の無効）

第八条の二　事業者の債務不履行により生じた消費者の解除権を放棄させ、又は当該事業者にその解除権の有無を決定する権限を付与する消費者契約の条項は、無効とする。

（事業者に対し後見開始の審判等による解除権を付与する条項の無効）

第八条の三　事業者に対し、消費者が後見開始、保佐開始又は補助開始の審判を受けたことのみを理由とする解除権を付与する消費者契約（消費者が事業者に対し物品、権利、役務その他の消費者契約の目的となるものを提供することとされているものを除く。）の条項は、無効とする。

（消費者が支払う損害賠償の額を予定する条項等の無効等）

第九条　次の各号に掲げる消費者契約の条項は、当該各号に定める部分について、無効とする。

一　当該消費者契約の解除に伴う損害賠償の額を予定し、又は違約金を定める条項であって、これらを合算した額が、当該条項において設定された解除の事由、時期等の

区分に応じ、当該消費者契約と同種の消費者契約の解除に伴い当該事業者に生ずべき平均的な損害の額を超えるもの　当該超える部分

二　当該消費者契約に基づき支払うべき金銭の全部又は一部を消費者が支払期日（支払回数が二以上である場合には、それぞれの支払期日。以下この号において同じ。）までに支払わない場合における損害賠償の額を予定し、又は違約金を定める条項であって、これらを合算した額が、支払期日の翌日からその支払をする日までの期間について、その日数に応じ、当該支払期日に支払うべき額から当該支払期日に支払うべき額のうち既に支払われた額を控除した額に年十四・六パーセントの割合を乗じて計算した額を超えるもの　当該超える部分

2 事業者は、消費者に対し、消費者契約の解除に伴う損害賠償の額を予定し、又は違約金を定める条項に基づき損害賠償又は違約金の支払を請求する場合において、当該消費者から説明を求められたときは、損害賠償の額の予定又は違約金の算定の根拠（第十二条の四において「算定根拠」という。）の概要を説明するよう努めなければならない。

（令四法五九見出し改正・二項追加）

解説　消費者契約の解除の際に消費者が支払うべきものとされている損害賠償額の予定や違約金の定めといった解約料を定める条項に基づいて事業者が消費者に解約料を請求する場合において、消費者から説明を求められたときは、算定根拠の概要を説明する努力義務が事業者に新たに課された（二項）。

（消費者の利益を一方的に害する条項の無効）

第一〇条　消費者の不作為をもって当該消費者が新たな消費者契約の申込み又はその承諾の意思表示をしたものとみなす条項その他の法令中の公の秩序に関しない規定の適用による場合に比して消費者の権利を制限し又は消費者の義務を加重する消費者契約の条項であって、民法第一条第二項に規定する基本原則に反して消費者の利益を一方的に害するものは、無効とする。

解説　最判令和四年一二月一二日（裁判所ウェブ）は、住宅の賃貸借契約に伴う家賃保証会社との間での保証委託および連帯保証に関する契約条項についての適格消費者団体による差止請求において、①賃料等の不払いがあるときに連帯保証人が無催告で賃貸借契約を解除することができる旨を定める条項、②賃料等の不払い等の事情が存するときに連帯保証人が賃貸住宅の明渡しがあったものとみなすことができる旨を定める条項は、ともに消費者契約法一〇条に規定する消費者契約の条項に該当するとした。

第三節　補則

（他の法律の適用）

第一一条　消費者契約の申込み又はその承諾の意思表示の取消し及び消費者契約の条項の効力については、この法律の規定によるほか、民法及び商法（明治三十二年法律第四十八号）の規定による。

2 消費者契約の申込み又はその承諾の意思表示の取消し及び消費者契約の条項の効力について民法及び商法以外の他の法律に別段の定めがあるときは、その定めるところによる。

第三章　差止請求

第一節　差止請求権等（令四法五九節名改正）

解説　追加された一二条の三、一二条の四、一二条の五が、いずれも適格消費者団体の要請とそれに応じるようにすべき事業者の努力義務を定めていることから、第一節の表題が「差止請求権」から「差止請求権等」に改正された。

（差止請求権）

第一二条　適格消費者団体は、事業者、受託者等又は事業者の代理人若しくは受託者等の代理人（以下この項及び第四十三条第二項第一号において「事業者等」と総称する。）が、消費者契約の締結について勧誘をするに際し、不特定かつ多数の消費者に対して第四条第一項から第四項までに規定する行為（同条第二項に規定する行為にあっては、同項ただし書の場合に該当するものを除く。次項において同じ。）を現に行い又は行うおそれがあるときは、その事業者等に対し、当該行為の停止若しくは予防又は当該行為に供した物の廃棄若しくは除去その他の当該行為の停止若しくは予防に必要な措置をとることを請求することができる。ただし、民法及び商法以外の他の法律の規定によれば当該行為を理由として当該消費者契約を取り消すことができないときは、この限りでない。

2 適格消費者団体は、次の各号に掲げる者が、消費者契約の締結について勧誘をするに際し、不特定かつ多数の消費者に対して第四条第一項から第四項までに規定する行為を現に行い又は行うおそれがあるときは、当該各号に定める者に対し、当該各号に掲げる者に対する是正の指示又は教唆の停止その他の当該行為の停止又は予防に必要な措置をとることを請求することができる。この場合においては、前項ただし書の規定を準用する。

一　受託者等　当該受託者等に対して委託（二以上の段階にわたる委託を含む。）をした事業者又は他の受託者等

二　事業者の代理人又は受託者等の代理人　当該代理人を

自己の代理人とする事業者若しくは受託者等又はこれらの他の代理人

3 適格消費者団体は、事業者又はその代理人が、消費者契約を締結するに際し、不特定かつ多数の消費者との間で第八条から第十条までに規定する消費者契約の条項（第八条第一項第一号又は第二号に掲げる消費者契約の条項にあっては、同条第二項の場合に該当するものを除く。次項及び第十二条の三第一項において同じ。）を含む消費者契約の申込み又はその承諾の意思表示を現に行い又は行うおそれがあるときは、その事業者又はその代理人に対し、当該行為の停止若しくは予防又は当該行為に供した物の廃棄若しくは除去その他の当該行為の停止若しくは予防に必要な措置をとることを請求することができる。ただし、民法及び商法以外の他の法律の規定によれば当該消費者契約の条項が無効とされないときは、この限りでない。

4 適格消費者団体は、事業者の代理人が、消費者契約を締結するに際し、不特定かつ多数の消費者との間で第八条から第十条までに規定する消費者契約の条項を含む消費者契約の申込み又はその承諾の意思表示を現に行い又は行うおそれがあるときは、当該代理人を自己の代理人とする事業者又は他の代理人に対し、当該代理人に対する是正の指示又は教唆の停止その他の当該行為の停止又は予防に必要な措置をとることを請求することができる。この場合においては、前項ただし書の規定を準用する。

〔令四法五九第一項・三項改正〕

解説　訴訟の管轄に関する四三条二項一号において本条の「事業者等」が援用されていることから、本条においても、四三条二項一号における「事業者等」も同じ意味であることを明記するとともに、一二条の三が追加されたことにより、同条においても「消費者契約の条項」の意味が同じであることを示した文言上の整理が行われた。

（差止請求の制限）

第一二条の二　前条、不当景品類及び不当表示防止法（昭和三十七年法律第百三十四号）第三十条第一項、特定商取引に関する法律（昭和五十一年法律第五十七号）第五十八条の十八から第五十八条の二十四まで又は食品表示法（平成二十五年法律第七十号）第十一条の規定による請求（以下「差止請求」という。）は、次に掲げる場合には、することができない。

一　当該適格消費者団体若しくは第三者の不正な利益を図り又は当該差止請求に係る相手方に損害を加えることを目的とする場合

二　他の適格消費者団体を当事者とする差止請求に係る訴訟等（訴訟並びに和解の申立てに係る手続、調停及び仲裁をいう。以下同じ。）につき既に確定判決等（確定判決及びこれと同一の効力を有するものをいい、次のイからハまでに掲げるものを除く。以下同じ。）が存する場合において、請求の内容及び相手方が同一である場合。ただし、当該他の適格消費者団体について、当該確定判決等に係る訴訟等の手続に関し、第十三条第一項の認定が第三十四条第一項第四号に掲げる事由により取り消され、又は同条第三項の規定により同号に掲げる事由があった旨の認定がされたときは、この限りでない。

イ　訴えを却下した確定判決

ロ　前号に掲げる場合に該当することのみを理由として差止請求を棄却した確定判決及び仲裁判断

ハ　差止請求をする権利（以下「差止請求権」という。）の不存在又は差止請求権に係る債務の不存在の確認の請求（第二十四条において「差止請求権不存在等確認請求」という。）を棄却した確定判決及びこれと同一の効力を有するもの

2　前項第二号本文の規定は、当該確定判決に係る訴訟の口頭弁論の終結後又は当該確定判決と同一の効力を有するものの成立後に生じた事由に基づいて同号本文に掲げる場合の当該差止請求をすることを妨げない。

（令四法五九第一項改正）

解説　本条は、差止請求をすることができない場合およびその例外を規定する（四八頁～五一頁参照）。一二条の三、一二条の四、一二条の五が追加されたことによる文言上の整理が行われた。

（消費者契約の条項の開示要請）

第一二条の三　適格消費者団体は、事業者又はその代理人が、消費者契約を締結するに際し、不特定かつ多数の消費者との間で第八条から第十条までに規定する消費者契約の条項を含む消費者契約の申込み又はその承諾の意思表示を現に行い又は行うおそれがあると疑うに足りる相当の理由があるときは、内閣府令で定めるところにより、その事業者又はその代理人に対し、その理由を示して、当該条項を開示するよう要請することができる。ただし、当該事業者又はその代理人が、当該条項を含む消費者契約の条項をインターネットの利用その他の適切な方法により公表しているときは、この限りでない。

2　事業者又はその代理人は、前項の規定による要請に応じるよう努めなければならない。

（令四法五九本条追加）

解説　適格消費者団体は、消費者契約法上無効とされる条項を含む消費者契約の条項を開示するように事業者に要請すること

ができ、事業者はそれに応じるようにすべき努力義務を負うとの規定が追加された。

（損害賠償の額を予定する条項等に関する説明の要請等）

第一二条の四　適格消費者団体は、消費者契約の解除に伴う損害賠償の額を予定し、又は違約金を定める条項におけるこれらを合算した額が第九条第一項第一号に規定する平均的な損害の額を超えると疑うに足りる相当な理由があるときは、内閣府令で定めるところにより、当該条項を定める事業者に対し、その理由を示して、当該条項に係る算定根拠を説明するよう要請することができる。

2　事業者は、前項の算定根拠に営業秘密（不正競争防止法（平成五年法律第四十七号）第二条第六項に規定する営業秘密をいう。）が含まれる場合その他の正当な理由がある場合を除き、前項の規定による要請に応じるよう努めなければならない。

（令四法五九本条追加）

解説

適格消費者団体は、消費者契約の解除の際に消費者が支払うべきものとされている損害賠償額の予定や違約金の定めといった解約料の総額が契約解除に伴って事業者に生じる平均的な損害の額を超えると考える相当な理由がある場合には、事業者に対してその算定根拠を説明するように要請することができ、事業者はこれに応じるようにすべき努力義務を負うとの規定が追加された。

（差止請求に係る講じた措置の開示要請）

第一二条の五　第十二条第三項又は第四項の規定による請求により事業者又はその代理人がこれらの規定に規定する行為の停止若しくは予防又は当該行為の停止若しくは予防に必要な措置をとる義務を負うときは、当該請求をした適格消費者団体は、内閣府令で定めるところにより、その事業者又はその代理人に対し、これらの者が当該義務を履行するために講じた措置の内容を開示するよう要請することができる。

2　事業者又はその代理人は、前項の規定による要請に応じるよう努めなければならない。

（令四法五九本条追加）

解説

事業者が適格消費者団体からの差止請求に基づいて必要な措置をとる義務を負う場合において、適格消費者団体は、当該義務の履行のために講じた措置の内容を開示するように事業者に要請することができ、事業者はそのような要請に応じるようにすべき努力義務を負うとの規定が追加された。

第二節　適格消費者団体

第一款　適格消費者団体の認定等

（適格消費者団体の認定）

第一三条　差止請求関係業務（不特定かつ多数の消費者の利益のために差止請求権を行使する業務並びに当該業務の遂行に必要な消費者の被害に関する情報の収集並びに消費者の被害の防止及び救済に資する差止請求権の行使の結果に関する情報の収集及び提供に係る業務をいう。以下同じ。）を行おうとする者は、内閣総理大臣の認定を受けなければならない。

2　前項の認定を受けようとする者は、内閣総理大臣に認定の申請をしなければならない。

3　内閣総理大臣は、前項の申請をした者が次に掲げる要件の全てに適合しているときに限り、第一項の認定をすることができる。

一　特定非営利活動促進法（平成十年法律第七号）第二条第二項に規定する特定非営利活動法人又は一般社団法人若しくは一般財団法人であること。

二　消費生活に関する情報の収集及び提供並びに消費者の被害の防止及び救済のための活動その他の不特定かつ多数の消費者の利益の擁護を図るための活動を行うことを主たる目的とし、現にその活動を相当期間にわたり継続して適正に行っていると認められること。

三　差止請求関係業務の実施に係る組織、差止請求関係業務の実施の方法、差止請求関係業務に関して知り得た情報の管理及び秘密の保持の方法その他の差止請求関係業務を適正に遂行するための体制及び業務規程が適切に整備されていること。

四　その理事に関し、次に掲げる要件に適合するものであること。

イ　差止請求関係業務の執行を決定する機関として理事をもって構成する理事会が置かれており、かつ、定款で定めるその決定の方法が次に掲げる要件に適合していると認められること。

(1)　当該理事会の決議が理事の過半数又はこれを上回る割合以上の多数決により行われるものとされていること。

(2)　第四十一条第一項の規定による差止請求、差止請求に係る訴えの提起その他の差止請求関係業務の執行に係る重要な事項の決定が理事その他の者に委任されていないこと。

ロ　理事の構成が次の(1)又は(2)のいずれかに該当するものでないこと。この場合において、第二号に掲げる要件に適合する者は、次の(1)又は(2)に規定する事業者に該当しないものとみなす。

(1)　理事の数のうちに占める特定の事業者（当該事業者との間に発行済株式の総数の二分の一以上の株式の数

を保有する関係その他の内閣府令で定める特別の関係のある者を含む。）の関係者（当該事業者及びその役員又は職員である者その他の内閣府令で定める者をいう。(2)において同じ。）の数の割合が三分の一を超えていること。

(2) 理事の数のうちに占める同一の業種（内閣府令で定める事業の区分をいう。）に属する事業を行う事業者の関係者の数の割合が二分の一を超えていること。

五　差止請求の要否及びその内容についての検討を行う部門において次のイ及びロに掲げる者（以下「専門委員」と総称する。）が共にその専門的な知識経験に基づいて必要な助言を行い又は意見を述べる体制が整備されていることその他差止請求関係業務を遂行するための人的体制に照らして、差止請求関係業務を適正に遂行することができる専門的な知識経験を有すると認められること。

イ　消費生活に関する消費者と事業者との間に生じた苦情に係る相談（第四十条第一項において「消費生活相談」という。）その他の消費生活に関する事項について専門的な知識経験を有する者として内閣府令で定める条件に適合する者

ロ　弁護士、司法書士その他の法律に関する専門的な知識経験を有する者として内閣府令で定める条件に適合する者

六　差止請求関係業務を適正に遂行するに足りる経理的基礎を有すること。

七　差止請求関係業務以外の業務を行う場合には、その業務を行うことによって差止請求関係業務の適正な遂行に支障を及ぼすおそれがないこと。

4 前項第三号の業務規程には、差止請求関係業務の実施の方法、差止請求関係業務に関して知り得た情報の管理及び秘密の保持の方法その他の内閣府令で定める事項が定められていなければならない。この場合において、業務規程に定める差止請求関係業務の実施の方法には、同項第五号の検討を行う部門における専門委員からの助言又は意見の聴取に関する措置及び役員、職員又は専門委員が差止請求に係る相手方と特別の利害関係を有する場合の措置その他業務の公正な実施の確保に関する措置が含まれていなければならない。

5 次の各号のいずれかに該当する者は、第一項の認定を受けることができない。

一　この法律、消費者の財産的被害等の集団的な回復のための民事の裁判手続の特例に関する法律（平成二十五年法律第九十六号。以下「消費者裁判手続特例法」という。）その他消費者の利益の擁護に関する法律で政令で定めるもの若しくはこれらの法律に基づく命令の規定又はこれらの規定に基づく処分に違反して罰金の刑に処せられ、その刑の執行を終わり、又はその刑の執行を受けることが

なくなった日から三年を経過しない法人

二　第三十四条第一項各号若しくは消費者裁判手続特例法第九十二条第二項各号に掲げる事由により第一項の認定を取り消され、又は第三十四条第三項の規定により同条第一項第四号に掲げる事由があった旨の認定がされ、その取消し又は認定の日から三年を経過しない法人

三　暴力団員による不当な行為の防止等に関する法律（平成三年法律第七十七号）第二条第六号に規定する暴力団員又は同号に規定する暴力団員でなくなった日から五年を経過しない者（次号及び第六号ハにおいて「暴力団員等」という。）がその事業活動を支配する法人

四　暴力団員等をその業務に従事させ、又はその業務の補助者として使用するおそれのある法人

五　政治団体（政治資金規正法（昭和二十三年法律第百九十四号）第三条第一項に規定する政治団体をいう。）

六　役員のうちに次のイからハまでのいずれかに該当する者のある法人

イ　拘禁刑以上の刑に処せられ、又はこの法律、消費者裁判手続特例法その他消費者の利益の擁護に関する法律で政令で定めるもの若しくはこれらの法律に基づく命令の規定若しくはこれらの規定に基づく処分に違反して罰金の刑に処せられ、その刑の執行を終わり、又はその刑の執行を受けることがなくなった日から三年を経過しない者

ロ　適格消費者団体が第三十四条第一項各号若しくは消費者裁判手続特例法第九十二条第二項各号に掲げる事由により第一項の認定を取り消され、又は第三十四条第三項の規定により同条第一項第四号に掲げる事由があった旨の認定がされた場合において、その取消し又は認定の日前六月以内に当該適格消費者団体の役員であった者でその取消し又は認定の日から三年を経過しないもの

ハ　暴力団員等〔本条改正の施行は、令四法六八施行日〕

第一三条〔同〕

2～4〔同〕

5　次のいずれかに該当する者は、第一項の認定を受けることができない。

一～五〔同〕

六　役員のうちに次のいずれかに該当する者のある法人

イ〔改正施行日前まで、「拘禁刑」は「禁錮」〕

ロ・ハ〔同〕

（令四法五九第一項・三項・五項改正）

解説

適格消費者団体の権限として新たに加えられた差止請求に係る講じた措置の開示要請（一二条の五）は、適格消費者団体が行う差止関係業務の内容として、改正前の一項が定める「差止請求権の行使の結果に関する情報の提供」にはあたら

ないことから、これを「差止請求権の行使の結果に関する情報の収集及び提供」と改正して、「収集」が業務として加えられた（一項）。

その他、欠格要件に関して、消費者裁判手続特例法の改正に伴う引用条番号ずれの処理が行われた（五項）。

（認定の申請）

第一四条　前条第二項の申請は、次に掲げる事項を記載した申請書を内閣総理大臣に提出してしなければならない。

一　名称及び住所並びに代表者の氏名

二　差止請求関係業務を行おうとする事務所の所在地

三　前二号に掲げるもののほか、内閣府令で定める事項

2　前項の申請書には、次に掲げる書類を添付しなければならない。

一　定款

二　不特定かつ多数の消費者の利益の擁護を図るための活動を相当期間にわたり継続して適正に行っていることを証する書類

三　差止請求関係業務に関する業務計画書

四　差止請求関係業務を適正に遂行するための体制が整備されていることを証する書類

五　業務規程

六　役員、職員及び専門委員に関する次に掲げる書類

イ　氏名、役職及び職業を記載した書類

ロ　住所、略歴その他内閣府令で定める事項を記載した書類

七　前条第三項第一号の法人の社員について、その数及び個人又は法人その他の団体の別（社員が法人その他の団体である場合にあっては、その構成員の数を含む。）を記載した書類

八　最近の事業年度における財産目録、貸借対照表又は次のイ若しくはロに掲げる法人の区分に応じ、当該イ若しくはロに定める書類（第三十一条第一項において「財産目録等」という。）その他の経理的基礎を有することを証する書類

イ　特定非営利活動法人　特定非営利活動促進法第二条第二項に規定する特定非営利活動法人　同法第二十七条第三号に規定する活動計算書

ロ　一般社団法人又は一般財団法人　一般社団法人及び一般財団法人に関する法律（平成十八年法律第四十八号）第百二十三条第二項（同法第百九十九条において準用する場合を含む。）に規定する損益計算書（公益社団法人及び公益財団法人の認定等に関する法律（平成十八年法律第四十九号）第五条に規定する公益認定を受けている場合にあっては、内閣府令で定める書類）

九　前条第五項各号のいずれにも該当しないことを誓約する書面

十　差止請求関係業務以外の業務を行う場合には、その業務の種類及び概要を記載した書類

十一　その他内閣府令で定める書類

〔令四法五九第二項改正〕

解説　内閣総理大臣による適格消費者団体の認定を受けるために、申請書に添付しなければならない書類中の「収支計算書」が、それぞれの団体の設立根拠法に基づく名称に改正された（二項八号）。

（認定の申請に関する公告及び縦覧等）

第一五条　内閣総理大臣は、前条の規定による認定の申請があった場合には、遅滞なく、内閣府令で定めるところにより、その旨並びに同条第一項第一号及び第二号に掲げる事項を公告するとともに、同条第二項各号（第六号ロ、第九号及び第十一号を除く。）に掲げる書類を、公告の日から二週間、公衆の縦覧に供しなければならない。

2 内閣総理大臣は、第十三条第一項の認定をしようとするときは、同条第三項第二号に規定する事由の有無について、経済産業大臣の意見を聴くものとする。

3 内閣総理大臣は、前条の規定による認定の申請をした者について第十三条第五項第三号、第四号又は第六号ハに該当する疑いがあると認めるときは、警察庁長官の意見を聴くものとする。

（認定の公示等）

第一六条　内閣総理大臣は、第十三条第一項の認定をしたときは、内閣府令で定めるところにより、当該適格消費者団体の名称及び住所、差止請求関係業務を行う事務所の所在地並びに当該認定をした日を公示するとともに、当該適格消費者団体に対し、その旨を書面により通知するものとする。

2 適格消費者団体は、内閣府令で定めるところにより、適格消費者団体である旨を、差止請求関係業務を行う事務所において見やすいように掲示しなければならない。

3 適格消費者団体でない者は、その名称中に適格消費者団体であると誤認されるおそれのある文字を用い、又はその業務に関し、適格消費者団体であると誤認されるおそれのある表示をしてはならない。

（認定の有効期間等）

第一七条　第十三条第一項の認定の有効期間は、当該認定の日から起算して六年とする。

2 前項の有効期間の満了後引き続き差止請求関係業務を行おうとする適格消費者団体は、その有効期間の更新を受けなければならない。

3 前項の有効期間の更新を受けようとする適格消費者団体は、第一項の有効期間の満了の日の九十日前から六十日前

までの間（以下この項において「更新申請期間」という。）に、内閣総理大臣に有効期間の更新の申請をしなければならない。ただし、災害その他やむを得ない事由により更新申請期間にその申請をすることができないときは、この限りでない。

4 前項の申請があった場合において、第一項の有効期間の満了の日までにその申請に対する処分がされないときは、従前の認定は、同項の有効期間の満了後もその処分がされるまでの間は、なお効力を有する。

5 前項の場合において、第二項の有効期間の更新がされたときは、その認定の有効期間は、従前の認定の有効期間の満了の日の翌日から起算するものとする。

6 第十三条（第一項及び第五項第二号を除く。）、第十四条、第十五条及び前条第一項の規定は、第二項の有効期間の更新について準用する。ただし、第十四条第二項各号に掲げる書類については、既に内閣総理大臣に提出されている当該書類の内容に変更がないときは、その添付を省略することができる。

（変更の届出）

第一八条 適格消費者団体は、第十四条第一項各号に掲げる事項又は同条第二項各号（第二号及び第十一号を除く。）に掲げる書類に記載した事項に変更があったときは、遅滞なく、内閣府令で定めるところにより、その旨を内閣総理大臣に届け出なければならない。ただし、その変更が内閣府令で定める軽微なものであるときは、この限りでない。

（令四法五九本条改正）

解説

変更の届出の方法について、文言上の整理が行われた。

（合併の届出及び認可等）

第一九条 適格消費者団体である法人が他の適格消費者団体である法人と合併をしたときは、合併後存続する法人又は合併により設立された法人は、合併により消滅した法人のこの法律の規定による適格消費者団体としての地位を承継する。

2 前項の規定により合併により消滅した法人のこの法律の規定による適格消費者団体としての地位を承継した法人は、遅滞なく、その旨を内閣総理大臣に届け出なければならない。

3 適格消費者団体である法人が適格消費者団体でない法人と合併（適格消費者団体である法人が存続するものを除く。以下この条及び第二十二条第二号において同じ。）をした場合には、合併後存続する法人又は合併により設立された法人は、その合併について内閣総理大臣の認可がされたときに限り、合併により消滅した法人のこの法律の規定による適格消費者団体としての地位を承継する。

4　前項の認可を受けようとする適格消費者団体である法人及び適格消費者団体でない法人は、共同して、その合併がその効力を生ずる日の九十日前から六十日前までの間（以下この項において「認可申請期間」という。）に、内閣総理大臣に認可の申請をしなければならない。ただし、災害その他やむを得ない事由により認可申請期間にその申請をすることができないときは、この限りでない。

5　前項の申請があった場合において、その合併がその効力を生ずる日までにその申請に対する処分がされないときは、合併後存続する法人又は合併により設立された法人は、その処分がされるまでの間は、合併により消滅した法人のこの法律の規定による適格消費者団体としての地位を承継しているものとみなす。

6　第十三条（第一項を除く。）、第十四条、第十五条及び第十六条第一項の規定は、第三項の認可について準用する。

7　適格消費者団体である法人は、適格消費者団体でない法人と合併をする場合において、第四項の申請をしないときは、その合併がその効力を生ずる日までに、その旨を内閣総理大臣に届け出なければならない。

8　内閣総理大臣は、第二項又は前項の規定による届出があったときは、内閣府令で定めるところにより、その旨を公示するものとする。

（令四法五九第三項・四項改正）

解説　適格消費者団体である法人と適格消費者団体でない法人が合併する場合のうち、吸収合併により適格消費者団体である法人が存続する場合については、そもそも認定の承継が生じないことから、承継についての内閣総理大臣の認可を必要としないことが明記された（三項）。

適格消費者団体でない法人による吸収合併の場合および両法人を消滅させて新たな法人が消滅した法人の権利義務を承継する新設合併の場合について、適格消費者団体としての地位の承継のための認可の審査をより適切に行うことを可能とするために、適格消費者団体である法人による単独申請ではなく、合併の当事者である両法人の共同申請が必要とされることとなった（四項）。

（事業の譲渡の届出及び認可等）

第二〇条　適格消費者団体である法人が他の適格消費者団体である法人に対し差止請求関係業務に係る事業の全部の譲渡をしたときは、その譲渡を受けた法人は、その譲渡をした法人のこの法律の規定による適格消費者団体としての地位を承継する。

2　前項の規定によりその譲渡をした法人のこの法律の規定による適格消費者団体としての地位を承継した法人は、遅滞なく、その旨を内閣総理大臣に届け出なければならない。

3 適格消費者団体である法人が適格消費者団体でない法人に対し差止請求関係業務に係る事業の全部の譲渡をした場合には、その譲渡を受けた法人は、その譲渡について内閣総理大臣の認可がされたときに限り、その譲渡をした法人のこの法律の規定による適格消費者団体としての地位を承継する。

4 前項の認可を受けようとする適格消費者団体である法人及び適格消費者団体でない法人は、共同して、その譲渡の日の九十日前から六十日前までの間（以下この項において「認可申請期間」という。）に、内閣総理大臣に認可の申請をしなければならない。ただし、災害その他やむを得ない事由により認可申請期間にその申請をすることができないときは、この限りでない。

5 前項の申請があった場合において、その譲渡の日までにその申請に対する処分がされないときは、その譲渡を受けた法人は、その処分がされるまでの間は、その譲渡をした法人のこの法律の規定による適格消費者団体としての地位を承継しているものとみなす。

6 第十三条（第一項を除く。）、第十四条、第十五条及び第十六条第一項の規定は、第三項の認可について準用する。

7 適格消費者団体である法人は、適格消費者団体でない法人に対し差止請求関係業務に係る事業の全部の譲渡をする場合において、第四項の申請をしないときは、その譲渡の日までに、その旨を内閣総理大臣に届け出なければならない。

8 内閣総理大臣は、第二項又は前項の規定による届出があったときは、内閣府令で定めるところにより、その旨を公示するものとする。

〔令四法五九第四項改正〕

解説

適格消費者団体である法人が適格消費者団体でない法人に差止関係業務に係る事業を全部譲渡する場合について、適格消費者団体としての地位の承継のための認可の申請にあたって、適格消費者団体である法人による単独申請ではなく、譲渡の当事者である両法人の共同申請が必要とされることとなった（四項）。その趣旨は、一九条四項の改正と同じである。

（解散の届出等）

第二二条 適格消費者団体が次の各号に掲げる場合のいずれかに該当することとなったときは、当該各号に定める者は、遅滞なく、その旨を内閣総理大臣に届け出なければならない。

一 破産手続開始の決定により解散した場合 破産管財人

二 合併及び破産手続開始の決定以外の理由により解散した場合 清算人

三 差止請求関係業務を廃止した場合 法人の代表者

2 内閣総理大臣は、前項の規定による届出があったときは、内閣府令で定めるところにより、その旨を公示するものとする。

（認定の失効）

第二二条　適格消費者団体について、次のいずれかに掲げる事由が生じたときは、第十三条第一項の認定は、その効力を失う。

一　第十三条第一項の認定の有効期間が経過したとき（第十七条第四項に規定する場合にあっては、更新拒否処分がされたとき）。

二　適格消費者団体である法人が適格消費者団体でない法人と合併をした場合において、その合併が第十九条第三項の認可を経ずにその効力を生じたとき（同条第五項に規定する場合にあっては、その合併の不認可処分がされたとき）。

三　適格消費者団体である法人が適格消費者団体でない法人に対し差止請求関係業務に係る事業の全部の譲渡をした場合において、その譲渡が第二十条第三項の認可を経ずにされたとき（同条第五項に規定する場合にあっては、その譲渡の不認可処分がされたとき）。

四　適格消費者団体が前条第一項各号に掲げる場合のいずれかに該当することとなったとき。

第二款　差止請求関係業務等

（差止請求権の行使等）

第二三条　適格消費者団体は、不特定かつ多数の消費者の利益のために、差止請求権を適切に行使しなければならない。

2 適格消費者団体は、差止請求権を濫用してはならない。

3 適格消費者団体は、事案の性質に応じて他の適格消費者団体と共同して差止請求権を行使するほか、差止請求関係業務について相互に連携を図りながら協力するように努めなければならない。

4 適格消費者団体は、次に掲げる場合には、内閣府令で定めるところにより、遅滞なく、その旨を他の適格消費者団体に通知するとともに、その旨及びその内容その他内閣府令で定める事項を内閣総理大臣に報告しなければならない。この場合において、当該適格消費者団体が、当該通知及び報告に代えて、すべての適格消費者団体及び内閣総理大臣が電磁的方法（電子情報処理組織を使用する方法その他の情報通信の技術を利用する方法をいう。以下同じ。）を利用して同一の情報を閲覧することができる状態に置く措置であって内閣府令で定めるものを講じたときは、当該通知及び報告をしたものとみなす。

一　第四十一条第一項（同条第三項において準用する場合を含む。）の規定による差止請求をしたとき。

二　前号に掲げる場合のほか、裁判外において差止請求をしたとき。

三　差止請求に係る訴えの提起（和解の申立て、調停の申立て又は仲裁合意を含む。）又は仮処分命令の申立てがあったとき。
四　差止請求に係る判決の言渡し（調停の成立、調停に代わる決定の告知又は仲裁判断を含む。）又は差止請求に係る仮処分命令の申立てについての決定の告知があったとき。
五　前号の判決に対する上訴の提起（調停に代わる決定に対する異議の申立て又は仲裁判断の取消しの申立てを含む。）又は同号の決定に対する不服の申立てがあったとき。
六　第四号の判決（調停に代わる決定又は仲裁判断を含む。）又は同号の決定が確定したとき。
七　差止請求に係る裁判上の和解が成立したとき。
八　前二号に掲げる場合のほか、差止請求に係る訴訟（和解の申立てに係る手続、調停手続又は仲裁手続を含む。）又は差止請求に係る仮処分命令に関する手続が終了したとき。
九　差止請求に係る裁判外の和解が成立したときその他差止請求に関する相手方との間の協議が調ったとき、又はこれが調わなかったとき。
十　差止請求に関し、請求の放棄、和解、上訴の取下げその他の内閣府令で定める手続に係る行為であって、それにより確定判決及びこれと同一の効力を有するものが存することとなるものをしようとするとき。
十一　その他差止請求に関し内閣府令で定める手続に係る行為がされたとき。

5内閣総理大臣は、前項の規定による報告を受けたときは、すべての適格消費者団体並びに内閣総理大臣及び経済産業大臣が電磁的方法を利用して同一の情報を閲覧することができる状態に置く措置その他の内閣府令で定める方法により、他の適格消費者団体及び経済産業大臣に当該報告の日時及び概要その他内閣府令で定める事項を伝達するものとする。

6適格消費者団体について、第十二条の二第一項第二号本文の確定判決等で強制執行をすることができるものが存する場合には、当該適格消費者団体は、当該確定判決等に係る差止請求権を放棄することができない。

解説

本条は、適格消費者団体の差止請求権行使等を規律する規定である。不特定かつ多数の消費者の利益のための差止請求権の適切な行使（本条一項）、濫用の禁止（本条二項）、他の適格消費者団体との共同・協力（本条三項）、他の適格消費者団体への通知および内閣総理大臣への報告（本条四項）、確定判決等（一二条の二）を得た適格消費者団体は差止請求権を放棄できないこと（本条六項。五二頁参照）などを定めている。

（消費者の被害に関する情報の取扱い）

第二四条　適格消費者団体は、差止請求権の行使（差止請求権不存在等確認請求に係る訴訟を含む。第二十八条において同じ。）に関し、消費者から収集した消費者の被害に関する情報をその相手方その他の第三者が当該被害に係る消費者を識別することができる方法で利用するに当たっては、あらかじめ、当該消費者の同意を得なければならない。

（秘密保持義務）

第二五条　適格消費者団体の役員、職員若しくは専門委員又はこれらの職にあった者は、正当な理由がなく、差止請求関係業務に関して知り得た秘密を漏らしてはならない。

（氏名等の明示）

第二六条　適格消費者団体の差止請求関係業務に従事する者は、その差止請求関係業務を行うに当たり、相手方の請求があったときは、当該適格消費者団体の名称、自己の氏名及び適格消費者団体における役職又は地位その他内閣府令で定める事項を、その相手方に明らかにしなければならない。

（判決等に関する情報の提供）

第二七条　適格消費者団体は、消費者の被害の防止及び救済に資するため、消費者に対し、差止請求に係る判決（確定判決と同一の効力を有するもの及び仮処分命令の申立てについての決定を含む。）又は裁判外の和解の内容その他必要な情報を提供するよう努めなければならない。

（財産上の利益の受領の禁止等）

第二八条　適格消費者団体は、次に掲げる場合を除き、その差止請求に係る相手方から、その差止請求権の行使に関し、寄附金、賛助金その他名目のいかんを問わず、金銭その他の財産上の利益を受けてはならない。

一　差止請求に係る判決（確定判決と同一の効力を有するもの及び仮処分命令の申立てについての決定を含む。以下この項において同じ。）又は民事訴訟法（平成八年法律第百九号）第七十三条第一項の決定により訴訟費用（和解の費用、調停手続の費用及び仲裁手続の費用を含む。）を負担することとされた相手方から当該訴訟費用に相当する額の償還として財産上の利益を受けるとき。

二　差止請求に係る判決に基づいて民事執行法（昭和五十四年法律第四号）第百七十二条第一項の規定により命じられた金銭の支払として財産上の利益を受けるとき。

三　差止請求に係る判決に基づく強制執行の執行費用に相当する額の償還として財産上の利益を受けるとき。

四　差止請求に係る相手方の債務の履行を確保するために約定された違約金の支払として財産上の利益を受けるとき。

2　適格消費者団体の役員、職員又は専門委員は、適格消費者団体の差止請求に係る相手方から、その差止請求権の行使に関し、寄附金、賛助金その他名目のいかんを問わず、金銭その他の財産上の利益を受けてはならない。

3　適格消費者団体又はその役員、職員若しくは専門委員は、適格消費者団体の差止請求に係る相手方から、その差止請求権の行使に関し、寄附金、賛助金その他名目のいかんを問わず、金銭その他の財産上の利益を第三者に受けさせてはならない。

4 前三項に規定する差止請求に係る相手方からその差止請求権の行使に関して受け又は受けさせてはならない財産上の利益には、その相手方がその差止請求権の行使に関してした不法行為によって生じた損害の賠償として受け又は受けさせる財産上の利益は含まれない。

5 適格消費者団体は、第一項各号に規定する財産上の利益を受けたときは、これに相当する金額を積み立て、これを差止請求関係業務に要する費用に充てなければならない。

6 適格消費者団体は、その定款において、差止請求関係業務を廃止し、又は第十三条第一項の認定の失効（差止請求関係業務の廃止によるものを除く。）若しくは取消しにより差止請求関係業務を終了した場合において、積立金（前項の規定により積み立てられた金額をいう。）に残余があるときは、その残余に相当する金額を、他の適格消費者団体（第三十五条の規定により差止請求権を承継した適格消費者団体がある場合にあっては、当該適格消費者団体）があるときは当該他の適格消費者団体に、これがないときは第十三条第三項第二号に掲げる要件に適合する消費者団体であって内閣総理大臣が指定するもの又は国に帰属させる旨を定めておかなければならない。

（業務の範囲及び区分経理）

第二九条　適格消費者団体は、その行う差止請求関係業務に支障がない限り、定款の定めるところにより、差止請求関係業務以外の業務を行うことができる。

2 適格消費者団体は、次に掲げる業務に係る経理をそれぞれ区分して整理しなければならない。

一　差止請求関係業務

二　不特定かつ多数の消費者の利益の擁護を図るための活動に係る業務（前号に掲げる業務を除く。）

三　前二号に掲げる業務以外の業務

第三款　監督

（帳簿書類の作成及び保存）

第三〇条　適格消費者団体は、内閣府令で定めるところにより、その業務及び経理に関する帳簿書類を作成し、これを保存しなければならない。

（財務諸表等の作成、備置き、閲覧等及び提出等）

第三一条　適格消費者団体は、毎事業年度終了後三月以内に、その事業年度の財産目録等及び事業報告書（これらの作成に代えて電磁的記録（電子的方式、磁気的方式その他人の知覚によっては認識することができない方式で作られる記録であって、電子計算機による情報処理の用に供されるものをいう。以下この条において同じ。）の作成がされている場合における当該電磁的記録を含む。次項第五号及び第五十三条第六号においいて「財務諸表等」という。）を作成しなければならない。
2 適格消費者団体の事務所には、内閣府令で定めるところにより、次に掲げる書類を備え置かなければならない。
一 定款
二 業務規程
三 役職員等名簿（役員、職員及び専門委員の氏名、役職及び職業その他内閣府令で定める事項を記載した名簿をいう。）
四 適格消費者団体の社員について、その数及び個人又は法人その他の団体の別（社員が法人その他の団体である場合にあっては、その構成員の数を含む。）を記載した書類
五 財務諸表等
六 収入の明細その他の資金に関する事項、寄附金に関する事項その他の経理に関する内閣府令で定める事項を記載した書類
七 差止請求関係業務以外の業務を行う場合には、その業務の種類及び概要を記載した書類
3 何人も、適格消費者団体の業務時間内は、いつでも、次に掲げる請求をすることができる。ただし、第二号又は第四号に掲げる請求をするには、当該適格消費者団体の定めた費用を支払わなければならない。
一 前項各号に掲げる書類が書面をもって作成されているときは、当該書面の閲覧又は謄写の請求
二 前号の書面の謄本又は抄本の交付の請求
三 前項各号に掲げる書類が電磁的記録をもって作成されているときは、当該電磁的記録に記録された事項を内閣府令で定める方法により表示したものの閲覧又は謄写の請求
四 前号の電磁的記録に記録された事項を電磁的方法であって内閣府令で定めるものにより提供することの請求又は当該事項を記載した書面の交付の請求
4 適格消費者団体は、前項各号に掲げる請求があったときは、正当な理由がある場合を除き、これを拒むことができない。
5 適格消費者団体は、毎事業年度終了後三月以内に、第二項第三号から第六号までに掲げる書類を内閣総理大臣に提出しなければならない。

〔令四法五九第一項改正・旧二項削除・旧三～五項繰上（二～四項）・旧六項改正繰上（五項）〕

解説

制度の運用開始後、監督業務のノウ・ハウが蓄積されてきたことから、消費者庁の監督によって統一的に業務遂行の適正性を確保することが可能となり、毎事業年度に学識経験者から業務の遂行状況の調査を受けなければならない義務（三一条旧二項）が廃止された。

その他、他の条文の改正や二項の削除に伴い、文言上の整理が行われた。

（報告及び立入検査）

第三二条　内閣総理大臣は、この法律の実施に必要な限度において、適格消費者団体に対し、その業務若しくは経理の状況に関し報告をさせ、又はその職員に、適格消費者団体の事務所に立ち入り、業務の状況若しくは帳簿、書類その他の物件を検査させ、若しくは関係者に質問させることができる。

2　前項の規定により職員が立ち入るときは、その身分を示す証明書を携帯し、関係者に提示しなければならない。

3　第一項に規定する立入検査の権限は、犯罪捜査のために認められたものと解してはならない。

（適合命令及び改善命令）

第三三条　内閣総理大臣は、適格消費者団体が、第十三条第三項第二号から第七号までに掲げる要件のいずれかに適合しなくなったと認めるときは、当該適格消費者団体に対し、これらの要件に適合するために必要な措置をとるべきことを命ずることができる。

2　内閣総理大臣は、前項に定めるもののほか、適格消費者団体が第十三条第五項第三号から第六号までのいずれかに該当するに至ったと認めるとき、適格消費者団体又はその役員、職員若しくは専門委員が差止請求関係業務の遂行に関しこの法律の規定に違反したと認めるとき、その他適格消費者団体の業務の適正な運営を確保するため必要があると認めるときは、当該適格消費者団体に対し、人的体制の改善、違反の停止、業務規程の変更その他の業務の運営の改善に必要な措置をとるべきことを命ずることができる。

（認定の取消し等）

第三四条　内閣総理大臣は、適格消費者団体について、次の各号のいずれかに掲げる事由があるときは、第十三条第一項の認定を取り消すことができる。

一　偽りその他不正の手段により第十三条第一項の認定、第十七条第二項の有効期間の更新又は第十九条第三項若しくは第二十条第三項の認可を受けたとき。

二　第十三条第三項各号に掲げる要件のいずれかに適合しなくなったとき。

三　第十三条第五項各号（第二号を除く。）のいずれかに該当するに至ったとき。

四　第十二条の二第一項第二号本文の確定判決等に係る訴訟等の手続に関し、当該訴訟等の当事者である適格消費者団体が、差止請求に係る相手方と通謀して請求の放棄又は不特定かつ多数の消費者の利益を害する内容の和解をしたとき、その他不特定かつ多数の消費者の利益に著しく反する訴訟等の追行を行ったと認められるとき。

五　第十二条の二第一項第二号本文の確定判決等に係る強制執行に必要な手続に関し、当該確定判決等に係る訴訟等の当事者である適格消費者団体がその手続を怠ったことが不特定かつ多数の消費者の利益に著しく反するものと認められるとき。

六　前各号に掲げるもののほか、この法律若しくはこの法律に基づく命令の規定又はこれらの規定に基づく処分に違反したとき。

七　当該適格消費者団体の役員、職員又は専門委員が第二十八条第二項又は第三項の規定に違反したとき。

2　適格消費者団体が、第二十三条第四項の規定に違反して同項の通知又は報告をしないで、差止請求に関し、同項第十号に規定する行為をしたときは、内閣総理大臣は、当該適格消費者団体について前項第四号に掲げる事由があるものとみなすことができる。

3　第十二条の二第一項第二号本文に掲げる場合であって、当該他の適格消費者団体に係る第十三条第一項の認定が、第二十二条各号に掲げる事由により既に失効し、又は第一項各号に掲げる事由（当該確定判決等に係る訴訟等の手続に関する同項第四号に掲げる事由を除く。）若しくは消費者裁判手続特例法第九十二条第二項各号に掲げる事由により既に取り消されている場合においては、内閣総理大臣は、当該他の適格消費者団体につき当該確定判決等に係る訴訟等の手続に関し第一項第四号に掲げる事由があったと認められるとき（前項の規定により同号に掲げる事由があるものとみなすことができる場合を含む。）は、当該他の適格消費者団体であった法人について、その旨の認定をすることができる。

4　前項に規定する場合における当該他の適格消費者団体であった法人は、清算が結了した後においても、同項の規定の適用については、なお存続するものとみなす。

5　内閣総理大臣は、第一項各号に掲げる事由により第十三条第一項の認定を取り消し、又は第三項の規定により第一項第四号に掲げる事由があった旨の認定をしたときは、内閣府令で定めるところにより、その旨及びその取消し又は認定をした日を公示するとともに、当該適格消費者団体又は当該他の適格消費者団体であった法人に対し、その旨を書面により通知するものとする。

（令四法五九第一項・三項改正）

解説

消費者裁判手続特例法の改正に伴う引用条番号ずれの処理が行われた。

（差止請求権の承継に係る指定等）

第三五条　適格消費者団体について、第十二条の二第一項第二号本文の確定判決等で強制執行をすることができるものが存する場合において、第十三条第一項の認定が、第二十二条各号に掲げる事由により失効し、若しくは前条第一項各号若しくは消費者裁判手続特例法第九十二条第二項各号に掲げる事由により取り消されるとき、又はこれらの事由により既に失効し、若しくは既に取り消されているときは、内閣総理大臣は、当該適格消費者団体の有する当該差止請求権を承継すべき適格消費者団体として他の適格消費者団体を指定するものとする。

2 前項の規定による指定がされたときは、同項の差止請求権は、その指定の時において（その認定の失効又は取消しの後にその指定がされた場合にあっては、その認定の失効又は取消しの時にさかのぼって）その指定を受けた適格消費者団体が承継する。

3 前項の場合において、同項の規定により当該差止請求権を承継した適格消費者団体が当該差止請求権に基づく差止請求をするときは、第十二条の二第一項第二号本文の規定は、当該差止請求については、適用しない。

4 内閣総理大臣は、次の各号のいずれかに掲げる事由が生じたときは、第一項、第六項又は第七項の規定による指定を受けた適格消費者団体（以下この項から第七項までにおいて「指定適格消費者団体」という。）に係る指定を取り消さなければならない。

一　指定適格消費者団体について、第十三条第一項の認定が、第二十二条各号に掲げる事由により失効し、若しくは既に失効し、又は前条第一項各号若しくは消費者裁判手続特例法第九十二条第二項各号に掲げる事由により取り消されるとき。

二　指定適格消費者団体が承継した差止請求権をその指定前に有していた者（以下この条において「従前の適格消費者団体」という。）のうち当該確定判決等の当事者であったものについて、第十三条第一項の認定の取消処分、同項の認定の有効期間の更新拒否処分若しくは合併若しくは事業の全部の譲渡の不認可処分（以下この条において「認定取消処分等」という。）が取り消され、又は認定取消処分等の取消し若しくはその無効若しくは不存在の確認の判決（次項第二号において「取消判決等」という。）が確定したとき。

5 内閣総理大臣は、次の各号のいずれかに掲げる事由が生じたときは、指定適格消費者団体に係る指定を取り消すことができる。

一　指定適格消費者団体が承継した差止請求権に係る強制執行に必要な手続に関し、当該指定適格消費者団体がその手続を怠ったことが不特定かつ多数の消費者の利益に著しく反するものと認められるとき。

二　従前の適格消費者団体のうち指定適格消費者団体であったもの（当該確定判決等の当事者であったものを除く。）について、前項第一号の規定による指定の取消しの事由となった認定取消処分等が取り消され、若しくはその認定取消処分等の取消判決等が確定したとき、又は前号の規定による指定の取消処分が取り消され、若しくはその取消処分の取消判決等が確定したとき。

6 内閣総理大臣は、第四項第一号又は前項第一号に掲げる事由により指定適格消費者団体に係る指定を取り消し、又は既に取り消しているときは、当該指定適格消費者団体の承継していた差止請求権を承継すべき適格消費者団体として他の適格消費者団体を新たに指定するものとする。

7 内閣総理大臣は、第四項第二号又は第五項第二号に掲げる事由により指定適格消費者団体に係る指定を取り消すときは、当該指定適格消費者団体の承継していた差止請求権を承継すべき適格消費者団体として当該従前の適格消費者団体を新たに指定するものとする。

8 前二項の規定による新たな指定がされたときは、前二項の差止請求権は、その新たな指定の時において（従前の指定の取消し後に新たな指定がされた場合にあっては、従前の指定の取消しの時（従前の適格消費者団体に係る第十三条第一項の認定の失効後に従前の指定の取消し及び新たな指定がされた場合にあっては、その認定の失効の時）にさかのぼって）その新たな指定を受けた適格消費者団体が承継する。

9 第三項の規定は、前項の場合において、同項の規定により当該差止請求権を承継した適格消費者団体が当該差止請求権に基づく差止請求をするときについて準用する。

10 内閣総理大臣は、第一項、第六項又は第七項の規定による指定をしたときは、内閣府令で定めるところにより、その旨及びその指定の日を公示するとともに、その指定を受けた適格消費者団体に対し、その旨を書面により通知するものとする。第四項又は第五項の規定により当該指定を取り消したときも、同様とする。

（令四法五九第一項・四項・五項改正）

解説　消費者裁判手続特例法の改正に伴う引用条番号ずれの処理が行われた。

第四款　補則

（規律）

第三十六条　適格消費者団体は、これを政党又は政治的目的のために利用してはならない。

（官公庁等への協力依頼）

第三十七条　内閣総理大臣は、この法律の実施のため必要があると認めるときは、官庁、公共団体その他の者に照会し、又は協力を求めることができる。

（内閣総理大臣への意見）

第三十八条　次の各号に掲げる者は、適格消費者団体についてそれぞれ当該各号に定める事由があると疑うに足りる相当な理由があるため、内閣総理大臣が当該適格消費者団体に対して適当な措置をとることが必要であると認める場合には、内閣総理大臣に対し、その旨の意見を述べることができる。

一　経済産業大臣　第十三条第三項第二号に掲げる要件に適合しない事由又は第三十四条第一項第四号に掲げる事由

二　警察庁長官　第十三条第五項第三号、第四号又は第六号ハに該当する事由

（判決等に関する情報の公表）

第三九条　内閣総理大臣は、消費者の被害の防止及び救済に資するため、適格消費者団体から第二十三条第四項第四号から第九号まで及び第十一号の規定による報告を受けたときは、インターネットの利用その他適切な方法により、速やかに、差止請求に係る判決（確定判決と同一の効力を有するもの及び仮処分命令の申立てについての決定を含む。）又は裁判外の和解の概要、当該適格消費者団体の名称及び当該差止請求に係る相手方の氏名又は名称その他内閣府令で定める事項を公表するものとする。

2　前項に規定する事項のほか、内閣総理大臣は、差止請求関係業務に関する情報を広く国民に提供するため、インターネットの利用その他適切な方法により、適格消費者団体の名称及び住所並びに差止請求関係業務を行う事務所の所在地その他内閣府令で定める必要な情報を公表することができる。

3　内閣総理大臣は、独立行政法人国民生活センターに、前二項の情報の公表に関する業務を行わせることができる。

（適格消費者団体への協力等）

第四〇条　独立行政法人国民生活センター及び地方公共団体は、内閣府令で定めるところにより、適格消費者団体の求めに応じ、当該適格消費者団体が差止請求権を適切に行使するために必要な限度において、当該適格消費者団体に対し、消費生活相談及び消費者紛争（独立行政法人国民生活センター法（平成十四年法律第百二十三号）第一条の二第一項に規定する消費者紛争をいう。）に関する情報で内閣府令で定めるものを提供することができる。

2　前項の規定により情報の提供を受けた適格消費者団体は、当該情報を当該差止請求権の適切な行使の用に供する目的以外の目的のために利用し、又は提供してはならない。

（令四法九九第一項改正）

解説

国民生活センターおよび地方公共団体が適格消費者団体に提供することのできる情報の内容として、改正前は「消費生活相談」に関する情報のみが挙げられていたが、改正により、「消費者紛争」に関する情報も加えられた（一項）。「消費者紛争」とは、消費生活に関して消費者または適格消費者団体と事業者との間に生じた民事上の紛争をいう（独立行政法人国民生活センター法一条の二第一項）。

第三節　訴訟手続等の特例

（書面による事前の請求）

第四一条　適格消費者団体は、差止請求に係る訴えを提起し

ようとするときは、その訴えの被告となるべき者に対し、あらかじめ、請求の要旨及び紛争の要点その他の内閣府令で定める事項を記載した書面により差止請求をし、かつ、その到達した時から一週間を経過した後でなければ、その訴えを提起することができない。ただし、当該被告となるべき者がその差止請求を拒んだときは、この限りでない。

2 前項の請求は、その請求が通常到達すべきであった時に、到達したものとみなす。

3 前二項の規定は、差止請求に係る仮処分命令の申立てについて準用する。

解説

適格消費者団体が差止請求に係る訴えを提起するためには、事前に被告となるべきものに書面で差止請求をしなければならない（五三頁参照）。

（訴訟の目的の価額）

第四二条　差止請求に係る訴えは、訴訟の目的の価額の算定については、財産権上の請求でない請求に係る訴えとみなす。

解説

本条により、差止請求に係る訴えは、財産上の請求でない請求に係る訴えとみなされ、このことを基準として、地方裁判所の管轄および訴え提起の手数料が決定される（五四頁参照）。

（管轄）

第四三条　差止請求に係る訴訟については、民事訴訟法第五条（第五号に係る部分を除く。）の規定は、適用しない。

2 次の各号に掲げる規定による差止請求に係る訴えは、当該各号に定める行為があった地を管轄する裁判所にも提起することができる。

一　第十二条　同条に規定する事業者等の行為

二　不当景品類及び不当表示防止法第三十条第一項　同項に規定する事業者の行為

三　特定商取引に関する法律第五十八条の十八から第五十八条の二十四まで　これらの規定に規定する当該差止請求に係る相手方である販売業者、役務提供事業者、統括者、勧誘者、一般連鎖販売業者、関連商品の販売を行う者、業務提供誘引販売業を行う者又は購入業者（同法第五十八条の二十一第二項の規定による差止請求に係る訴えにあっては、勧誘者）の行為

四　食品表示法第十一条　同条に規定する食品関連事業者の行為

解説

差止請求に係る訴訟については、民事訴訟法四条および五条五号のほか、本条二項に定める裁判所が管轄裁判所となる（五四頁参照）。

（移送）

第四四条　裁判所は、差止請求に係る訴えが提起された場合であって、他の裁判所に同一又は同種の行為の差止請求に係る訴訟が係属している場合においては、当事者の住所又は所在地、尋問を受けるべき証人の住所、争点又は証拠の共通性その他の事情を考慮して、相当と認めるときは、申立てにより又は職権で、当該訴えに係る訴訟の全部又は一部について、当該他の裁判所又は他の管轄裁判所に移送することができる。

解説

本条は、差止請求に係る訴えについて、民事訴訟法の特則として、他の裁判所に同一または同種の行為の差止請求に係る訴訟が係属している場合に、訴訟事件を他の裁判所または他の管轄裁判所に移送できる場合を追加している（五五頁参照）。

（弁論等の併合）

第四五条　請求の内容及び相手方が同一である差止請求に係る訴訟が同一の第一審裁判所又は控訴裁判所に数個同時に係属するときは、その弁論及び裁判は、併合してしなければならない。ただし、審理の状況その他の事情を考慮して、他の差止請求に係る訴訟と弁論及び裁判を併合してすることが著しく不相当であると認めるときは、この限りでない。

2 前項本文に規定する場合には、当事者は、その旨を裁判所に申し出なければならない。

解説

請求の内容および相手方が同一の差止請求に係る複数の訴訟が、同一の第一審裁判所または控訴審裁判所に同時に係属している場合に、弁論および裁判を併合してすることを義務付ける規定である（五五頁参照）。複数の訴訟が係属裁判所を異にする場合は、四四条により移送をすれば、同一の裁判所に係属する状態となって、本条が適用される。

（訴訟手続の中止）

第四六条　内閣総理大臣は、現に係属する差止請求に係る訴訟につき既に他の適格消費者団体を当事者とする第十二条の二第一項第二号本文の確定判決等が存する場合において、当該他の適格消費者団体につき当該確定判決等に係る訴訟等の手続に関し第三十四条第一項第四号に掲げる事由があると疑うに足りる相当な理由がある場合（同条第二項の規定により同号に掲げる事由があるものとみなすことができる場合を含む。）であって、同条第一項の規定による第十三条第一項の認定の取消し又は第三十四条第三項の規定による認定（次項において「認定の取消し等」という。）をするかどうかの判断をするため相当の期間を要すると認めるときは、内閣府令で定めるところにより、当該差止請求に係る訴訟が係属する裁判所（以下この条において「受訴裁判所」という。）に対し、その旨及びその判断に要すると認められる期間を通知するものとする。

2 内閣総理大臣は、前項の規定による通知をした場合には、その通知に係る期間内に、認定の取消し等をするかどうかの判断をし、その結果を受訴裁判所に通知するものとする。

3 第一項の規定による通知があった場合において、必要があると認めるときは、受訴裁判所は、その通知に係る期間を経過する日まで（その期間を経過する前に前項の規定による通知を受けたときは、その通知を受けた日まで）、訴訟手続を中止することができる。

解説

他の適格消費者団体を当事者とする差止請求に係る訴訟等につきすでに確定判決等がある場合は、請求の内容および相手方が同一である差止請求をすることができないが（一二条の二第一項二号）、当該他の適格消費者団体につき適格認定が取り消されるなど（三四条）した場合は、例外として、差止請求をすることができる（一二条の二第一項二号但書）。本条は、上述の確定判決等があるが、他の適格消費者団体につき適格認定が取り消されるなどの事由があると疑うに足りる相当の理由がある場合に、内閣総理大臣が、差止請求に係る訴訟が係属する裁判所に対し、その旨および認定の取消し等の判断に要すると認められる期間を通知し、これを受けて受訴裁判所がその期間を経過する日まで訴訟手続を中止できることを規定する。本条による中止の制度を活用することで、差止請求に係る訴えが確定判決等の存在を理由にただちに却下されてしまうのを避けることができる（五七頁参照）。

（間接強制の支払額の算定）

第四七条 差止請求権について民事執行法第百七十二条第一項に規定する方法により強制執行を行う場合において、同項又は同条第二項の規定により債務者が債権者に支払うべき金銭の額を定めるに当たっては、執行裁判所は、債務不履行により不特定かつ多数の消費者が受けるべき不利益を特に考慮しなければならない。

解説　差止請求権の強制執行は、間接強制の方法によって行われるが（民事執行法一七二条）、本条は、民事執行法の特則として、間接強制金の決定にあたって、「債務不履行により不特定かつ多数の消費者が受けるべき不利益」を特に考慮すべきことを定める。

第四章　雑則

（適用除外）

第四八条　この法律の規定は、労働契約については、適用しない。

（権限の委任）

第四八条の二　内閣総理大臣は、前章の規定による権限（政令で定めるものを除く。）を消費者庁長官に委任する。

第五章　罰則

第四九条　適格消費者団体の役員、職員又は専門委員が、適格消費者団体の差止請求に係る相手方から、寄附金、賛助金その他名目のいかんを問わず、当該適格消費者団体においてその差止請求権の行使をしないこと若しくはしなかったこと、その差止請求権の放棄をすること若しくはしたこと、その相手方との間でその差止請求に係る和解をすること若しくはしたこと又はその差止請求に係る訴訟その他の手続を他の事由により終了させること若しくは終了させたことの報酬として、金銭その他の財産上の利益を受け、又は第三者（当該適格消費者団体を含む。）に受けさせたときは、三年以下の拘禁刑又は三百万円以下の罰金に処する。

2　前項の利益を供与した者も、同項と同様とする。

3　第一項の場合において、犯人又は情を知った第三者が受けた財産上の利益は、没収する。その全部又は一部を没収することができないときは、その価額を追徴する。

4　第一項の罪は、日本国外においてこれらの罪を犯した者にも適用する。

5　第二項の罪は、刑法（明治四十年法律第四十五号）第二条の例に従う。〔本条改正の施行は、令四法六八施行日〕

> **第四九条**（改正施行日前まで、一項中「拘禁刑」は「懲役」）

第五〇条　偽りその他不正の手段により第十三条第一項の認定、第十七条第二項の有効期間の更新又は第十九条第三項若しくは第二十条第三項の認可を受けたときは、当該違反行為をした者は、百万円以下の罰金に処する。

2　第二十五条の規定に違反して、差止請求関係業務に関して知り得た秘密を漏らした者は、百万円以下の罰金に処する。

〔令四法五九本条改正〕

解説

文言上の整理が行われた。

第五一条　次の各号のいずれかに該当する場合には、当該違反行為をした者は、五十万円以下の罰金に処する。

一　第十四条第一項（第十七条第六項、第十九条第六項及び第二十条第六項において準用する場合を含む。）の申請書又は第十四条第二項各号（第十七条第六項、第十九条第六項及び第二十条第六項において準用する場合を含む。）に掲げる書類に虚偽の記載をして提出したとき。

二　第十六条第三項の規定に違反して、適格消費者団体であると誤認されるおそれのある文字をその名称中に用い、又はその業務に関し、適格消費者団体であると誤認されるおそれのある表示をしたとき。

三　第三十条の規定に違反して、帳簿書類の作成若しくは保存をせず、又は虚偽の帳簿書類の作成をしたとき。

四　第三十二条第一項の規定による報告をせず、若しくは虚偽の報告をし、又は同項の規定による検査を拒み、妨げ、若しくは忌避し、若しくは同項の規定による質問に対して陳述をせず、若しくは虚偽の陳述をしたとき。

〔令四法五九本条改正〕

解説

文言上の整理が行われた。

第五二条　法人（法人でない団体で代表者又は管理人の定めのあるものを含む。以下この項において同じ。）の代表者若しくは管理人又は法人若しくは人の代理人、使用人その他の従業者が、その法人又は人の業務に関して、第四十九条、第五十条第一項又は前条の違反行為をしたときは、行為者を罰するほか、その法人又は人に対しても、各本条の罰金刑を科する。

2　法人でない団体について前項の規定の適用がある場合には、その代表者又は管理人が、その訴訟行為につき法人でない団体を代表するほか、法人を被告人又は被疑者とする場合の刑事訴訟に関する法律の規定を準用する。

〔令四法五九第一項改正〕

解説

適格消費者団体の守秘義務違反について、両罰規定の対象とすることがなじまないために、両罰規定の対象から除外された。

第五三条　次の各号のいずれかに該当する者は、三十万円以下の過料に処する。
一　第十六条第二項の規定による掲示をせず、又は虚偽の掲示をした者
二　第十八条、第十九条第二項若しくは第七項、第二十条第二項若しくは第七項又は第二十一条第一項の規定による届出をせず、又は虚偽の届出をした者
三　第二十三条第四項前段の規定による通知若しくは報告をせず、又は虚偽の通知若しくは報告をした者
四　第二十四条の規定に違反して、消費者の被害に関する情報を利用した者
五　第二十六条の規定に違反して、同条の請求を拒んだ者
六　第三十一条第一項の規定に違反して、財務諸表等を作成せず、又はこれに記載し、若しくは記録すべき事項を記載せず、若しくは記録せず、若しくは虚偽の記載若しくは記録をした者
七　第三十一条第二項の規定に違反して、書類を備え置かなかった者
八　第三十一条第四項の規定に違反して、正当な理由がないのに同条第三項各号に掲げる請求を拒んだ者
九　第三十一条第五項の規定に違反して、書類を提出せず、又は書類に虚偽の記載若しくは記録をして提出した者
十　第四十条第二項の規定に違反して、情報を同項に定める目的以外の目的のために利用し、又は提供した者

〔令四法五九本条改正〕

解説　毎事業年度に学識経験者から業務の遂行状況の調査を受けなければならない義務（三一条旧二項）が廃止されたことに伴い、調査を拒む者等についての罰則の規定（五三条旧七号）が削除され、それに伴う号番号ずれの処理が行われた。

附　則〔省略〕

附　則〔抄〕（令和四年六月一日法律第五九号）

（施行期日）
第一条　この法律は、公布の日から起算して一年を経過した日〔令五・六・一〕から施行する。ただし、次の各号に掲げる規定は、当該各号に定める日から施行する。
一　第一条中消費者契約法第十三条第五項の改正規定、同法第十四条第二項第八号の改正規定、同法第十八条の改正規定、同法第十九条の改正規定、同法第二十条第四項の改正規定、同法第三十一条の改正規定、同法第三十四条の改正規定、同法第三十五条の改正規定、同法第五十条の改正規定、同法第五十一条の改正規定、同法第五十二条第一項の改正規定及び同法第五十三条の改正規定

（中略）並びに次条第五項から第七項まで並びに附則（中略）第四条（中略）の規定　公布の日から起算して一年六月を超えない範囲内において政令で定める日（令五政四により、令五・一〇・一）

二　附則第五条の規定　公布の日

（消費者契約法の一部改正に伴う経過措置）

第二条　第一条の規定による改正後の消費者契約法（以下この条において「新消費者契約法」という。）第四条第三項第三号及び第四号（これらの規定を消費者契約法第五条第一項において準用する場合を含む。）の規定は、この法律の施行の日（次項から第四項までの規定において「施行日」という。）以後にされる消費者契約（消費者契約法第二条第三項に規定する消費者契約をいう。次項及び第三項において同じ。）の申込み又はその承諾の意思表示について適用する。

2　新消費者契約法第四条第三項第九号（消費者契約法第五条第一項において準用する場合を含む。）の規定は、施行日以後にされる消費者契約の申込み又はその承諾の意思表示について適用し、施行日前にされた消費者契約の申込み又はその承諾の意思表示については、なお従前の例による。

3　新消費者契約法第八条第三項の規定は、施行日以後に締結される消費者契約の条項について適用する。

4　新消費者契約法第十二条の五の規定は、施行日以後にされる新消費者契約法第十二条第三項又は消費者契約法第十二条第四項の規定による請求について適用する。

5　新消費者契約法第十九条第四項の規定は、前条第一号に掲げる規定の施行の日（以下この条から附則第四条までにおいて「第一号施行日」という。）以後にされる同項の申請について適用し、第一号施行日前にされた第一条の規定による改正前の消費者契約法（次項において「旧消費者契約法」という。）第十九条第四項の申請については、なお従前の例による。

6　新消費者契約法第二十条第四項の規定は、第一号施行日以後にされる同項の申請について適用し、第一号施行日前にされた旧消費者契約法第二十条第四項の申請については、なお従前の例による。

7　新消費者契約法第三十一条第一項、第二項及び第五項の規定は、第一号施行日以後に開始する事業年度に係る同条第一項に規定する書類について適用し、第一号施行日前に開始した事業年度に係る書類については、なお従前の例による。

（罰則に関する経過措置）

第四条　第一号施行日前にした行為及びこの附則（附則第二条第二項を除く。）の規定によりなお従前の例によることとされる場合における第一号施行日以後にした行為に対する罰則の適用については、なお従前の例による。

（政令への委任）

第五条　前三条に定めるもののほか、この法律の施行に伴い必要な経過措置（罰則に関する経過措置を含む。）は、政令で定める。

（検討）

第六条　政府は、この法律の施行後五年を経過した場合において、この法律による改正後の規定の施行の状況について検討を加え、必要があると認めるときは、その結果に基づいて必要な措置を講ずるものとする。

附　則〔抄〕（令和四年六月一七日法律第六八号）

（施行期日）

1　この法律は、刑法等一部改正法施行日から施行する。〔後略〕

附　則〔抄〕（令和四年一二月一六日法律第九九号）

（施行期日）

第一条　この法律は、公布の日から起算して二十日を経過した日〔令五・一・五〕から施行する。

（消費者契約法の一部改正に伴う経過措置）

第二条　第一条の規定による改正後の消費者契約法（以下この条において「新法」という。）第四条第三項第六号（消費者契約法第五条第一項において準用する場合を含む。）の規定は、この法律の施行の日以後にされる消費者契約の申込み又はその承諾の意思表示について適用し、同日前にされた消費者契約の申込み又はその承諾の意思表示については、なお従前の例による。

2　新法第七条第一項の規定は、この法律の施行前にされた消費者契約の申込み又はその承諾の意思表示に係る取消権についても、適用する。ただし、第一条の規定による改正前の消費者契約法第七条第一項に規定する取消権の時効がこの法律の施行の際既に完成していた場合は、この限りでない。

（検討）

第三条　政府は、この法律の施行後五年を経過した場合において、この法律による改正後の規定の施行の状況について検討を加え、必要があると認めるときは、その結果に基づいて必要な措置を講ずるものとする。

●消費者の財産的被害等の集団的な回復のための民事の裁判手続の特例に関する法律

（平成二五年一二月一一日法律第九六号）

施行、平二八・一〇・一

改正、平二九―法四三・法四五、令三―法七二、**令四**―法四八・**法五九**（「消費者の財産的被害の集団的な回復のための民事の裁判手続の特例に関する法律」を改称）・法六八・**法九九**

〔注〕本書では、すべての改正を織り込み、次の改正については、必要な箇所に当該施行日前まで有効な規定または注記を付し、当該施行日から有効となる規定には☆印を付した。

・令四法四八　一部施行＝令四・五・二五から起算して二年を超えない範囲内において政令で定める日（以下本文注記中「令四法四八〈二年内〉施行日」と記す）、四年を超えない範囲内において政令で定める日（以下本文注記中「令四法四八〈四年内〉施行日」と記す）

・令四法六八　一部施行＝令四・六・一七から起算して三年を超えない範囲内において政令で定める日（以下本文注記中「令四法六八施行日」と記す）

目次

第一章　総則（第一条・第二条）

第二章　被害回復裁判手続

第一節　共通義務確認訴訟に係る民事訴訟手続の特例（第三条―第一二条）

第二節　対象債権等の確定手続

第一款　簡易確定手続

第一目　通則（第一三条・第一四条）

第二目　簡易確定手続の開始（第一五条―第二五条）

第三目　簡易確定手続申立団体による公告及び通知等（第二六条―第三二条）

第四目　対象債権等の確定（第三三条―第五〇条）

第五目　費用の負担（第五一条・第五二条）

第六目　補則（第五三条―第五五条の二）

第二款　異議後の訴訟に係る民事訴訟手続の特例（第五六条―第六〇条）

第三節　特定適格消費者団体のする仮差押え（第六一条―第六四条）

第四節　補則（第六五条―第七〇条）

第三章　特定適格消費者団体

第一節　特定適格消費者団体の認定等（第七一条―第八〇条）

第二節　被害回復関係業務等（第八一条―第九〇条）

第三節　監督（第九一条―第九三条）

第四節　補則（第九四条―第九七条）
第四章　消費者団体訴訟等支援法人
第一節　消費者団体訴訟等支援法人の認定等（第九八条―第一〇六条）
第二節　支援業務等（第一〇七条・第一〇八条）
第三節　監督（第一〇九条―第一一三条）
第五章　雑則（第一一四条・第一一五条）
第六章　罰則（第一一六条―第一二二条）
附則

第一章　総則

（目的）

第一条　この法律は、消費者契約に関して相当多数の消費者に生じた財産的被害等（財産的被害及び精神上の苦痛を受けたことによる損害をいう。以下同じ。）について、消費者と事業者との間の情報の質及び量並びに交渉力の格差により消費者が自らその回復を図ることには困難を伴う場合があることに鑑み、その財産的被害等を集団的に回復するため、特定適格消費者団体が被害回復裁判手続を追行することができることとすることにより、消費者の利益の擁護を図り、もって国民生活の安定向上と国民経済の健全な発展に寄与することを目的とする。

（令四法五九本条改正）

解説　令和四年改正法は、精神上の苦痛を受けたことによる損害の集団的回復も、本法の目的とすることとし（六四頁参照）、財産的被害とあわせて、「財産的被害等」と定義する。

（定義）

第二条　この法律において、次の各号に掲げる用語の意義は、当該各号に定めるところによる。

一　消費者　個人（事業を行う場合におけるものを除く。）をいう。

二　事業者　法人その他の社団又は財団及び事業を行う場合における個人をいう。

三　消費者契約　消費者と事業者との間で締結される契約（労働契約を除く。）をいう。

四　共通義務確認の訴え　消費者契約に関して相当多数の消費者に生じた財産的被害等について、事業者、事業者に代わって事業を監督する者（次条第一項第五号ロ及び第三項第三号ロにおいて「事業監督者」という。）又は事業者の被用者（以下「事業者等」と総称する。）が、これらの消費者に対し、これらの消費者に共通する事実上及び法律上の原因に基づき、個々の消費者の事情によりその金銭の支払請求に理由がない場合を除いて、金銭を支払う義務を負うべきことの確認を求める訴えをいう。

五　対象債権　共通義務確認の訴えの被告とされた事業者等に対する金銭の支払請求権であって、前号に規定する義務に係るものをいう。

六　対象消費者　対象債権を有する消費者をいう。

七　簡易確定手続　共通義務確認の訴えに係る訴訟（以下「共通義務確認訴訟」という。）の結果を前提として、この法律の規定による裁判所に対する第三十三条第二項に規定する債権届出に基づき、相手方が認否をし、第四十六条第一項に規定する認否を争う旨の申出がない場合はその認否により、同項に規定する認否を争う旨の申出がある場合は裁判所の決定により、対象債権及び第十一条第二項に規定する和解金債権（以下「対象債権等」という。）の存否及び内容を確定する裁判手続をいう。

八　異議後の訴訟　簡易確定手続における対象債権等の存否及び内容を確定する決定（以下「簡易確定決定」という。）に対して適法な異議の申立てがあった後の当該請求に係る訴訟をいう。

九　被害回復裁判手続　次に掲げる手続をいう。

イ　共通義務確認訴訟の手続、簡易確定手続及び異議後の訴訟の手続

ロ　特定適格消費者団体が対象債権等に関して取得した債務名義による民事執行の手続（民事執行法（昭和五十四年法律第四号）第三十三条第一項、第三十四条第一項、第三十五条第一項、第三十八条第一項、第九十条第一項及び第百五十七条第一項の訴えに係る訴訟手続（第六十六条第一項第三号において「民事執行に係る訴訟手続」という。）を含む。）及び特定適格消費者団体が取得する可能性のある債務名義に係る対象債権の実現を保全するための仮差押えの手続（民事保全法（平成元年法律第九十一号）第四十六条において準用する民事執行法第三十三条第一項、第三十四条第一項及び第三十八条第一項の訴えに係る訴訟手続（第六十六条第一項第一号において「仮差押えの執行に係る訴訟手続」という。）を含む。）

十　特定適格消費者団体　被害回復裁判手続を追行するのに必要な適格性を有する法人である適格消費者団体（消費者契約法（平成十二年法律第六十一号）第二条第四項に規定する適格消費者団体をいう。以下同じ。）として第七十一条の定めるところにより内閣総理大臣の認定を受けた者をいう。

〔令四法五九本条改正〕

解説

令和四年改正法は、共通義務確認訴訟の被告を拡大し、事業者を監督する者および事業者の被用者も被告とすることができるものとし（六五頁参照）、事業者とこれらの者とあわせて、「事業者等」と総称する（本条四号）。また、令和四年改正法は、共通義務確認訴訟において、共通義務に係る対象債権以外の金銭の支払請求権を対象とする和解を可能とし、こ

れを和解金債権と呼ぶこととした（一一条二項）ので（六六頁参照）、これと対象債権とをあわせて、「対象債権等」と定義する（本条七号）。本条四号は、共通義務確認の訴えの定義規定であるが、同時に、訴えの要件を定めている。「相当多数の消費者に生じた財産的被害等」の文言は、多数性の要件を、「消費者に共通する事実上及び法律上の原因に基づき」の文言は、共通性の要件を定めるものである（七四頁参照）。

第二章　被害回復裁判手続

第一節　共通義務確認訴訟に係る民事訴訟手続の特例

（共通義務確認の訴え）

第三条　特定適格消費者団体は、事業者が消費者に対して負う金銭の支払義務であって消費者契約に関する第一号から第四号までに掲げる請求及び第五号イからハまでに掲げる者が消費者に対して負う金銭の支払義務であって消費者契約に関する同号に掲げる請求（これらに附帯する利息、損害賠償、違約金又は費用の請求を含む。）に係るものについて、共通義務確認の訴えを提起することができる。

一　契約上の債務の履行の請求

二　不当利得に係る請求

三　契約上の債務の不履行による損害賠償の請求

四　不法行為に基づく損害賠償の請求（民法（明治二十九年法律第八十九号）の規定によるものに限り、次号（イに係る部分に限る。）に掲げるものを除く。）

五　事業者の被用者が消費者契約に関する業務の執行について第三者に損害を加えたことを理由とする次のイからハまでに掲げる者に対する当該イからハまでに定める請求

イ　事業者（当該被用者の選任及びその事業の監督について故意又は重大な過失により相当の注意を怠ったものに限る。第三項第三号において同じ。）　民法第七百十五条第一項の規定による損害賠償の請求

ロ　事業監督者（当該被用者の選任及びその事業の監督について故意又は重大な過失により相当の注意を怠ったものに限る。第三項第三号ロにおいて同じ。）　民法第七百十五条第二項の規定による損害賠償の請求

ハ　被用者（第三者に損害を加えたことについて故意又は重大な過失があるものに限る。第三項第三号ハにおいて同じ。）　不法行為に基づく損害賠償の請求（民法の規定によるものに限る。）

2　次に掲げる損害については、前項第三号から第五号までに掲げる請求に係る金銭の支払義務についての共通義務確認の訴えを提起することができない。

一　契約上の債務の不履行又は不法行為により、物品、権

利その他の消費者契約の目的となるもの（役務を除く。次号において同じ。）以外の財産が滅失し、又は損傷したことによる損害

二　消費者契約の目的となるものの提供があるとすればその処分又は使用により得るはずであった利益を喪失したことによる損害

三　契約上の債務の不履行又は不法行為により、消費者契約による製造、加工、修理、運搬又は保管に係る物品その他の消費者契約の目的となる役務の対象となったもの以外の財産が滅失し、又は損傷したことによる損害

四　消費者契約の目的となる役務の提供があるとすれば当該役務を利用すること又は当該役務の対象となったものを処分し、若しくは使用することにより得るはずであった利益を喪失したことによる損害

五　人の生命又は身体を害されたことによる損害

六　精神上の苦痛を受けたことによる損害（その額の算定の基礎となる主要な事実関係が相当多数の消費者について共通するものであり、かつ、次のイ又はロのいずれかに該当するものを除く。）

イ　共通義務確認の訴えにおいて一の訴えにより、前項各号に掲げる請求（同項第三号から第五号までに掲げる請求にあっては、精神上の苦痛を受けたことによる損害に係る請求を含まないものに限る。以下このイにおいて「財産的請求」という。）と併せて請求されるものであって、財産的請求と共通する事実上の原因に基づくもの

ロ　事業者の故意によって生じたもの

3　次の各号に掲げる請求に係る金銭の支払義務についての共通義務確認の訴えについては、当該各号に定める者を被告とする。

一　第一項第一号から第三号までに掲げる請求　消費者契約の相手方である事業者

二　第一項第四号に掲げる請求　消費者契約の相手方である事業者若しくはその債務の履行をする事業者又は消費者契約の締結について勧誘をし、当該勧誘をさせ、若しくは当該勧誘を助長する事業者

三　第一項第五号に掲げる請求　次に掲げる者

イ　消費者契約の相手方である事業者若しくはその債務の履行をする事業者又は消費者契約の締結について勧誘をし、当該勧誘をさせ、若しくは当該勧誘を助長する事業者であって、当該事業者の消費者契約に関する業務の執行について第三者に損害を加えた被用者を使用するもの

ロ　イに掲げる事業者の事業監督者

ハ　イに掲げる事業者の被用者であって、当該事業者の消費者契約に関する業務の執行について第三者に損害を加えたもの

4　裁判所は、共通義務確認の訴えに係る請求を認容する判決をしたとしても、事案の性質、当該判決を前提とする簡易

確定手続において予想される主張及び立証の内容その他の事情を考慮して、当該簡易確定手続において対象債権の存否及び内容を適切かつ迅速に判断することが困難であると認めるときは、共通義務確認の訴えの全部又は一部を却下することができる。

〔令四法五九第一～三項改正〕

解説

本条は、特定適格消費者団体が事業者等を被告として提起する共通義務確認の訴えについて定めている。従来は、共通義務確認の訴えの被告は事業者に限られていたが、令和四年改正法は、一定の要件を充たす事業監督者および被用者も、被告とすることができるものとした（本条一項五号、三項三号。六五頁参照）。具体的には、事業者の被用者が消費者契約に関する業務の執行について第三者に損害を加えた場合で、事業者に故意または重過失があるときに、①当該被用者の選任およびその事業の監督について故意または重大な過失により相当の注意を怠った事業監督者を、民法七一五条二項に基づく請求に関して被告とし（本条一項五号ロ、三項三号ロ）、また、第三者に損害を加えたことについて故意または重大な過失がある被用者を、不法行為に基づく損害賠償請求に関して、それぞれ被告とすることができる（本条一項五号ハ、三項三号ハ）。

本条二項は、共通義務確認の訴えの対象外とする請求について規定する。いわゆる拡大損害（消費者契約の目的となるもの以外の財産の滅失または損傷による損害、消費者契約の目的となる役務の対象となったもの以外の財産の滅失または損傷による損害）の請求（本条二項一号・三号）、得べかりし利益の喪失による損害の請求（本条二項二号・四号）、人の生命または身体を害されたことによる損害の請求（本条二項五号）は、対象外である。精神上の苦痛を受けたことによる損害に係る請求は、本条一項に定められている財産上の請求と共通する事実上の原因に基づくものを、財産上の請求とあわせて請求する場合（本条二項六号イ）、または事業者の故意によって生じた損害に係る場合（本条二項六号ロ）に限り、共通義務確認の訴えの対象として認められる。このような請求（慰謝料請求）を対象に含めたことは、令和四年改正法の重要点の一つである（六四頁、七四頁参照）。

本条四項は、共通義務確認の訴えにつき請求を認容する判決をしたとしても、事案の性質、当該判決を前提とする簡易確定手続において予想される主張および立証の内容その他の事情を考慮して、当該簡易確定手続において対象債権の存否および内容を適切かつ迅速に判断することが困難であると認めるときは、裁判所は、共通義務確認の訴えの全部または一部を却下することができるものと規定する。対象消費者の権利の確定にとって共通義務の存在が支配的であることが、本案判決の要件（支配性）とされているのである（七五頁参照）。

なお、管轄裁判所については、原則として民事訴訟法の規定によるが、六条に特則がある。

（訴訟の目的の価額）
第四条　共通義務確認の訴えは、訴訟の目的の価額の算定については、財産権上の請求でない請求に係る訴えとみなす。

解説

本条は、共通義務確認の訴えの訴額につき、財産権上の請求でない請求に係る訴えとみなしている。この結果、訴額は一六〇万円とされ（民事訴訟費用等に関する法律四条）、訴え提起の手数料は一万三千円となる。

（訴状の記載事項）
第五条　共通義務確認の訴えの訴状には、対象債権及び対象消費者の範囲を記載して、請求の趣旨及び原因を特定しなければならない。

解説

本条は、共通義務確認の訴えの訴状の記載事項を定める。一般に、訴状においては請求の趣旨および原因を記載することが必要であるが（民事訴訟法一三四条二項二号）、共通義務確認の訴えの訴状では、対象債権および対象消費者（二条五号・六号）を記載することが必要である。

（管轄及び移送）
第六条　共通義務確認訴訟については、民事訴訟法（平成八年法律第百九号）第五条（第五号に係る部分を除く。）の規定は、適用しない。

2　次の各号に掲げる請求に係る金銭の支払義務についての共通義務確認の訴えは、当該各号に定める地を管轄する地方裁判所にも提起することができる。

一　第三条第一項第一号から第三号までに掲げる請求　義務履行地

二　第三条第一項第四号及び第五号に掲げる請求　不法行為があった地

3　対象消費者の数が五百人以上であると見込まれるときは、民事訴訟法第四条第一項若しくは第五条第五号又は前項の規定による管轄裁判所の所在地を管轄する高等裁判所の所在地を管轄する地方裁判所にも、共通義務確認の訴えを提起することができる。

4　対象消費者の数が千人以上であると見込まれるときは、東京地方裁判所又は大阪地方裁判所にも、共通義務確認の訴えを提起することができる。

5　民事訴訟法第四条第一項、第五条第五号、第十一条第一項

若しくは第十二条又は前三項の規定により二以上の地方裁判所が管轄権を有するときは、共通義務確認の訴えは、先に訴えの提起があった地方裁判所が管轄する。ただし、その地方裁判所は、著しい損害又は遅滞を避けるため必要があると認めるときは、申立てにより又は職権で、当該共通義務確認の訴えに係る訴訟の全部又は一部を他の管轄裁判所に移送することができる。

6 裁判所は、共通義務確認訴訟がその管轄に属する場合においても、他の裁判所に事実上及び法律上同種の原因に基づく請求を目的とする共通義務確認訴訟が係属している場合において、当事者の住所又は所在地、尋問を受けるべき証人の住所、争点又は証拠の共通性その他の事情を考慮して相当と認めるときは、申立てにより又は職権で、当該共通義務確認訴訟の全部又は一部について、当該他の裁判所に移送することができる。

〔令四法五九第二項改正〕

解説 共通義務確認訴訟の管轄および移送について、民事訴訟法の特則を定める規定である。

（弁論等の必要的併合）

第七条 請求の内容及び相手方が同一である共通義務確認訴訟が数個同時に係属するときは、その弁論及び裁判は、併合してしなければならない。

2 前項に規定する場合には、当事者は、その旨を裁判所に申し出なければならない。

解説 本条は、複数の特定適格消費者団体が同一の共通義務について同一の事業者を被告として訴えを提起した場合に、口頭弁論および裁判を併合することを義務付ける。共通義務の有無に関する終局判決の効力は、他の特定適格消費者団体にも及ぶ（一〇条）ので、複数の団体が提起した訴えについて、矛盾のない判決をする必要があるからである。

（補助参加の禁止）

第八条 消費者は、民事訴訟法第四十二条の規定にかかわらず、共通義務確認訴訟の結果について利害関係を有する場合であっても、特定適格消費者団体を補助するため、その共通義務確認訴訟に参加することができない。

解説 本条は、共通義務確認訴訟に個々の消費者が補助参加することを禁止する。なお、消費者には当事者適格がないから、共通義務確認訴訟に当事者として参加することもできない。

これに対して、被告とされた事業者等に、訴訟の結果につき利害を有する他の事業者等が補助参加することは、可能である。

（保全開示命令等）

第九条　共通義務確認訴訟が係属する裁判所は、次に掲げる事由につき疎明があった場合には、当該共通義務確認訴訟の当事者である特定適格消費者団体の申立てにより、決定で、当該共通義務確認訴訟の当事者である事業者等に対して、第三十一条第一項の規定により事業者等が特定適格消費者団体に開示しなければならない同項に規定する文書について、同条第二項に規定する方法により開示することを命ずることができる。

一　第二条第四号に規定する義務が存すること。

二　当該文書について、あらかじめ開示がされなければその開示が困難となる事情があること。

2 前項の規定による命令（以下この条において「保全開示命令」という。）の申立ては、文書の表示を明らかにしてしなければならない。

3 裁判所は、保全開示命令の申立てについて決定をする場合には、事業者等を審尋しなければならない。

4 保全開示命令の申立てについての決定に対しては、即時抗告をすることができる。

5 保全開示命令は、執行力を有しない。

6 事業者等が正当な理由なく保全開示命令に従わないときは、裁判所は、決定で、三十万円以下の過料に処する。

7 前項の決定に対しては、即時抗告をすることができる。

8 民事訴訟法第百八十九条の規定は、第六項の規定による過料の裁判について準用する。

（令四法五九本条追加）

解説　本条は、令和四年改正法が新設した規定である（六七頁参照）。事業者等が対象消費者の氏名および住所または連絡先が記載された文書等を所持する場合、これまで、第二段階の手続の開始後に、簡易確定手続申立団体の求めがあるときは、事業者等はこの文書等を開示する義務があり（三一条）、同団体の申立てに基づき、裁判所が情報開示命令を発することができた（三二条）。本条は、この開示命令を、第一段階である共通義務確認の訴えの係属中に可能にする規定である（保全開示命令）。発令のためには、原告である特定適格消費者団体が、共通義務が存在することおよびあらかじめ開示がされなければその開示が困難となる事情があることを疎明する必要がある（本条一項）。

（確定判決の効力が及ぶ者の範囲）

第一〇条 共通義務確認訴訟の確定判決は、民事訴訟法第百十五条第一項の規定にかかわらず、当該共通義務確認訴訟の当事者以外の特定適格消費者団体及び当該共通義務確認訴訟に係る対象消費者の範囲に属する第三十三条第二項第一号に規定する届出消費者に対してもその効力を有する。

（令四法五九本条改正・条数繰下（旧九条））

（令四法五九旧一〇条削除）

解説 確定判決の効力（既判力、執行力など）は、訴訟手続の当事者、口頭弁論終結後の承継人等だけに及ぶのが原則であるが（民事訴訟法一一五条一項）、本条はその例外として、共通義務確認訴訟の確定判決の効力が、当該訴訟の当事者以外の特定適格消費者団体および当該訴訟に係る対象消費者の範囲に属する届出消費者（三三条二項）に及ぶものと定める。他の特定適格消費者団体に対しては、共通義務確認訴訟において原告の請求が認容された場合にも、棄却された場合にも、確定判決の効力が及ぶ。これに対して、消費者個人との関係では、共通義務確認訴訟において原告の請求が全部棄却された場合は、簡易確定手続（一三条以下）は開始されないので届出消費者は観念されず、本条は適用されないこととなり、消費者個人が事業者等に対して自己の請求権を行使することは妨げられない。共通義務確認訴訟において原告の請求の一部が認容され、簡易確定手続が開始された場合は、確定判決のうち請求を棄却した部分の効力が届出消費者に及ぶ。

（共通義務確認訴訟における和解）

第一一条 共通義務確認訴訟の当事者は、当該共通義務確認訴訟において、当該共通義務確認の訴えの被告とされた事業者等に当該共通義務確認訴訟の目的である第二条第四号に規定する義務が存することを認める旨の和解をするときは、当該義務に関し、次に掲げる事項を明らかにしてしなければならない。

一 対象債権及び対象消費者の範囲

二 当該義務に係る事実上及び法律上の原因

2 共通義務確認訴訟の当事者は、当該共通義務確認訴訟において、当該共通義務確認訴訟に係る対象債権に係る紛争の解決に関し、当該紛争に係る消費者の当該共通義務確認の訴えの被告とされた事業者等に対する対象債権以外の金銭の支払請求権（以下「和解金債権」という。）が存することを認める旨の和解をするときは、当該和解金債権に関し、次に掲げる事項を明らかにしてしなければならない。

一 当該和解の目的となる権利又は法律関係の範囲

二 和解金債権の額又はその算定方法

三 和解金債権を有する消費者（第二十六条第一項第十号において「和解対象消費者」という。）の範囲

3 共通義務確認訴訟における和解において、当該共通義務確

認訴訟の当事者である特定適格消費者団体が当該共通義務確認訴訟の目的である第二条第四号に規定する義務について共通義務確認の訴えを提起しない旨の定めがされたときは、当該定めは、当該共通義務確認訴訟の当事者以外の特定適格消費者団体に対してもその効力を有する。

4 共通義務確認訴訟における和解については、民事訴訟法第九十一条第二項後段（同法第九十一条の二第四項において準用する場合を含む。）の規定は、適用しない。〔本条改正の施行は、令四法四八〈四年内〉施行日〕

第一一条〔四項は新設規定〕

〔令四法五九本条追加〕

解説　本条は、共通義務確認訴訟における和解手続を規律するもので、令和四年改正法の重要点の一つである（六五頁参照）。これまで、共通義務確認訴訟における和解は、共通義務の存否に関するものに限られていたところ、本条二項は、共通義務の存否にふれることなく、共通義務に係る対象債権以外の金銭の支払請求権（「和解金債権」と呼ばれる。）を対象として和解をすることを許している。本条二項の文言は、和解金債権の存在を認める旨の和解とだけ規定しているが、さらに、その支払を約束する和解や、金銭の支払い以外の方法での解決を内容とする和解、被告が個々の消費者への支払いを行う旨の和解など、様々な態様の和解も許容されると考えられる。本条三項は、和解が原告である特定適格消費者団体が共通義務確認の訴えを提起しない合意（不起訴の合意）を含む場合には、合意の効力が他の特定適格消費者団体にも及ぶことを規定する。本条四項は、共通義務確認訴訟における和解に係る訴訟記録の閲覧に関する規定である。令和四年改正法の立案段階で設置された検討会の報告書では、対象消費者の閲覧の許容性をめぐり、議論が収束しておらず、今後、民事訴訟法の改正規定の施行時までに、さらなる規定の整備がなされるものと予想される。

（再審の訴え）

第一二条　共通義務確認の訴えが提起された場合において、原告及び被告が共謀して共通義務確認の訴えに係る対象消費者の権利を害する目的をもって判決をさせたときは、他の特定適格消費者団体は、確定した終局判決に対し、再審の訴えをもって、不服を申し立てることができる。

〔令四法五九条数繰下（旧一一条）〕

解説　本条は、共通義務確認訴訟の原告と被告とが共謀して対象消費者の権利を害する目的で判決をさせ、その判決が確定した場合に、その判決の効力が及ぶ（一〇条）他の適格消費者団体が、再審の訴えにより判決を取り消すことができる旨を定める。

第二節　対象債権等の確定手続（令四法五九節名改正）

第一款　簡易確定手続

第一目　通則

（簡易確定手続の当事者等）

第一三条　簡易確定手続は、共通義務確認訴訟における請求を認容する判決が確定した時又は請求の認諾等（請求の認諾、第二条第四号に規定する義務が存することを認める旨の和解又は和解金債権が存することを認める旨の和解をいう。以下この条において同じ。）によって共通義務確認訴訟が終了した時に当事者であった特定適格消費者団体（第九十三条第二項の規定による指定があった場合には、その指定を受けた特定適格消費者団体。第十五条において同じ。）の申立てにより、当該判決が確定した時又は請求の認諾等によって当該共通義務確認訴訟が終了した時に当事者であった事業者等を相手方として、共通義務確認訴訟の第一審の終局判決をした地方裁判所（第一審において請求の認諾等によって共通義務確認訴訟が終了したときは、当該共通義務確認訴訟が係属していた地方裁判所）が行う。

（令四法五九本条改正・条数繰下（旧一二条））

解説　本条は、簡易確定手続の当事者等について定める。簡易確定手続の申立人は、共通義務確認訴訟における請求認容判決の確定時または請求の認諾や和解の成立により訴訟が終了した時に当事者であった特定適格消費者団体であり、相手方は、これらの時点で当事者であった事業者等である。簡易確定手続を管轄するのは、共通義務確認訴訟の第一審の終局判決をした地方裁判所（第一審で請求の認諾や和解の成立により訴訟が終了したときは、共通義務確認訴訟が係属していた地方裁判所）である。

（任意的口頭弁論）

第一四条　簡易確定手続に関する裁判は、口頭弁論を経ないですることができる。

2　前項の規定により口頭弁論をしない場合には、裁判所は、当事者を審尋することができる。

（令四法五九条数繰下（旧一三条））

解説　本条により、簡易確定手続は、決定手続として審判されることになる（民事訴訟法八七条一項但書参照）。

第二目　簡易確定手続の開始

（簡易確定手続開始の申立義務）

第一五条　共通義務確認訴訟における請求を認容する判決が確定した時又は請求の認諾によって共通義務確認訴訟が終了した時に当事者であった特定適格消費者団体は、正当な理由がある場合を除き、簡易確定手続開始の申立てをしなければならない。

2 第二条第四号に規定する義務が存することを認める旨の和解によって共通義務確認訴訟が終了した時に当事者であった特定適格消費者団体は、正当な理由がある場合を除き、当該義務に係る対象債権について、簡易確定手続開始の申立てをしなければならない。ただし、当該対象債権のうち、当該和解においてその額又は算定方法のいずれかが定められている部分（当該和解において簡易確定手続開始の申立てをしなければならない旨が定められている部分を除く。）については、この限りでない。

3 和解金債権が存することを認める旨の和解によって共通義務確認訴訟が終了した場合において、当該和解において当該和解金債権の全部又は一部について簡易確定手続開始の申立てをしなければならない旨が定められているときは、当該共通義務確認訴訟が終了した時に当事者であった特定適格消費者団体は、正当な理由がある場合を除き、当該定めに係る和解金債権について簡易確定手続開始の申立てをしなければならない。

〔令四法五九本条改正・二項・三項追加・条数繰下（旧一四条）〕

解説

本条一項により、共通義務確認訴訟において請求を認容する判決が確定した時または請求の認諾により訴訟が終了した時に、当該訴訟の当事者であった特定適格消費者団体は、簡易確定手続の申立義務を負う。共通義務確認訴訟の原告であった複数の適格消費者団体のうち、一つの団体がすでに簡易確定手続の申立てをし、それに基づき簡易確定手続が開始されている場合は、他の適格消費者団体は申立てをしない「正当な理由」があることになる。重ねて申立てをしても、不適法として申立てが却下されるからである（二四条）。

本条二項および三項は、令和四年改正法が追加した規定であり、和解により共通義務確認訴訟が終了したときに、簡易確定手続の申立義務を免除し、簡易確定手続を経ずに対象消費者の救済を実現できる場合を定めている（六六頁参照）。申立義務が免除されるのは、共通義務の存在を認める和解が成立したが対象債権のうちその額または算定方法のいずれかが定められている部分（二項但書）、和解金債権の存在を認める和解が成立したときである。ただし、当該和解に、簡易確定手続開始の申立てを義務付ける定めがある場合は、申立義務は免除されない（二項但書括弧書、三項）。

（令四法五九第一項・二項改正・三項追加・条数繰下（旧一五条））

（簡易確定手続開始の申立期間）

第一六条　前条の場合において、簡易確定手続開始の申立ては、共通義務確認訴訟における請求を認容する判決が確定した日又は請求の認諾、第二条第四号に規定する義務が存することを認める旨の和解若しくは和解金債権が存することを認める旨の和解によって共通義務確認訴訟が終了した日（第九十三条第二項の規定による指定があった場合には、その指定を受けた日）から四月以内にしなければならない。

2　裁判所は、必要があると認めるときは、前条の規定により簡易確定手続開始の申立てをしなければならない特定適格消費者団体の申立てにより、二月以内の期間を定めて、前項の期間（この項の規定により当該期間が伸長された場合にあっては、当該伸長された期間。次項において同じ。）の伸長の決定をすることができる。ただし、当該期間は、通じて八月を超えることができない。

3　裁判所は、前項の規定により第一項の期間の伸長の決定をしたときは、前条の規定により簡易確定手続開始の申立てをしなければならない特定適格消費者団体及び第十三条に規定する事業者等に対し、その旨を通知しなければならない。

解説　本条は、簡易確定手続開始の申立期間を定める。申立期間は、共通義務確認訴訟の請求認容判決の確定した日または請求の認諾、和解により同訴訟が終了した日から四か月である（本条一項。従来、一か月であったところ、令和四年改正法はこれを四か月に延長した。）。本条二項は、裁判所は、必要があると認めるときは、申立期間を、伸長することができる旨を定める。伸長できるのは二か月以内であり、伸長を繰り返す場合には、最初の四か月の期間とあわせて八か月が限度とされる。裁判所は、申立期間を伸長した場合は、申立義務を負う特定適格消費者団体および共通義務確認訴訟の終了時に当事者であった事業者等に期間の伸長につき通知しなければならない（本条三項）。

（令四法五九条数繰下（旧一六条））

（簡易確定手続開始の申立ての方式）

第一七条　簡易確定手続開始の申立ては、最高裁判所規則で定める事項を記載した書面でしなければならない。

解説　簡易確定手続の申立ては書面によらなければならないこと

を定める規定である。

（費用の予納）

第一八条　簡易確定手続開始の申立てをするときは、申立てをする特定適格消費者団体は、第二十三条第一項の規定による公告及び同条第二項の規定による通知に要する費用として裁判所の定める金額を予納しなければならない。

〔令四法五九本条改正・条数繰下（旧一七条）〕

解説　簡易確定手続の申立てをするときは、公告および通知（二三条）に関する費用の予納を必要とすることを定める規定である。

（簡易確定手続開始の申立ての取下げ）

第一九条　簡易確定手続開始の申立ては、裁判所の許可を得なければ、取り下げることができない。

2　民事訴訟法第二百六十一条第三項及び第四項並びに第二百六十二条第一項の規定は、前項の規定による申立ての取下げについて準用する。この場合において、同法第二百六十一条第四項中「電子調書」とあるのは「調書」と、「記録しなければ」とあるのは「記載しなければ」と読み替えるものとする。〔本条改正の施行は、令四法四八〈四年内〉施行日〕

> **第一九条**〔同〕
>
> 2　民事訴訟法第二百六十一条第三項及び第二百六十二条第一項の規定は、前項の規定による申立ての取下げについて準用する。

〔令四法五九条数繰下（旧一八条）〕

解説　簡易確定手続開始の申立ての取下げには、裁判所の許可を要することを定める規定である。

（簡易確定手続開始決定）

第二〇条　裁判所は、簡易確定手続開始の申立てがあった場合には、当該申立てが不適法であると認めるとき又は第十八条に規定する費用の予納がないときを除き、簡易確定手続開始の決定（以下「簡易確定手続開始決定」という。）をする。

2　簡易確定手続開始の申立てを却下する決定に対しては、即時抗告をすることができる。

〔令四法五九第一項改正・条数繰下（旧一九条）〕

解説　申立てに基づき裁判所は、申立てが不適法な場合または費用の予納がない場合を除き、簡易手続開始決定をする。

（簡易確定手続開始決定の方式）

第二一条　簡易確定手続開始決定は、次の各号に掲げる区分に応じ、当該各号に定める事項を記載した決定書を作成してしなければならない。

一　共通義務確認訴訟において第二条第四号に規定する義務が認められたとき　当該義務に係る対象債権及び対象消費者の範囲

二　共通義務確認訴訟において和解金債権が存する旨を認める和解をしたとき　当該和解金債権に係る第十一条第二項第一号及び第三号に掲げる事項

（令四法五九本条改正・条数繰下（旧二〇条））

解説

本条は、簡易確定手続開始決定の決定書について定める。共通義務確認訴訟において、共通義務が認められたときは、当該義務に係る対象債権および対象消費者の範囲を、和解金債権の存在を認める和解が成立したときは、和解金債権に係る和解の目的となる権利または法律関係の範囲（一一条二項一号）および和解金債権を有する消費者の範囲（同項三号）を決定書に記載する。

（簡易確定手続開始決定と同時に定めるべき事項）

第二二条　裁判所は、簡易確定手続開始決定と同時に、当該簡易確定手続開始決定に係る簡易確定手続開始の申立てをした特定適格消費者団体（第九十三条第一項の規定による指定があった場合には、その指定を受けた特定適格消費者団体。以下「簡易確定手続申立団体」という。）が第三十三条第二項に規定する債権届出をすべき期間（以下「届出期間」という。）及びその債権届出に対して簡易確定手続の相手方（以下この款において単に「相手方」という。）が認否をすべき期間（以下「認否期間」という。）を定めなければならない。

（令四法五九本条改正・条数繰下（旧二一条））

解説

本条は、簡易確定手続開始決定と同時に、裁判所が、簡易確定手続申立団体が債権届出をすべき期間および債権届出に対して相手方が認否をすべき期間を定める旨を規定する。

（簡易確定手続開始の公告等）

第二三条　裁判所は、簡易確定手続開始決定をしたときは、直ちに、官報に掲載して次に掲げる事項を公告しなければならない。

一　簡易確定手続開始決定の主文

二　第二十一条各号に掲げる区分に応じ、当該各号に定め

る事項

三　簡易確定手続申立団体の名称及び住所

四　届出期間及び認否期間

2 裁判所は、簡易確定手続申立団体及び相手方に対し、前項の規定により公告すべき事項を通知しなければならない。

（令四法五九第一項改正・条数繰下（旧二二条））

解説　本条は、簡易確定手続開始決定をした裁判所がすべき公告ならびに簡易確定手続申立団体および相手方に対してすべき通知について、規定する。

（重複する簡易確定手続開始の申立ての禁止）

第二四条　簡易確定手続開始決定がされた事件については、特定適格消費者団体は、更に簡易確定手続開始の申立てをすることができない。

（令四法五九条数繰下（旧二三条））

解説　本条は、すでに簡易確定手続が開始された事件については、他の適格消費者団体はさらに簡易確定手続開始の申立てをすることができない旨、規定する。

（届出期間又は認否期間の伸長）

第二五条　裁判所は、必要があると認めるときは、申立てにより又は職権で、届出期間又は認否期間の伸長の決定をすることができる。

2 裁判所は、前項の規定により届出期間又は認否期間の伸長の決定をしたときは、簡易確定手続申立団体及び相手方に対し、その旨を通知しなければならない。

3 裁判所は、第一項の規定により届出期間又は認否期間の伸長の決定をしたときは、直ちに、官報に掲載してその旨を公告しなければならない。

（令四法五九条数繰下（旧二四条））

解説　本条は、債権届出期間または認否期間の伸長について定める。裁判所が期間の伸長の決定をしたときは、裁判所は、簡易確定手続申立団体および相手方にその旨を通知し、公告しなければならない（本条二項・三項）。

第三目　簡易確定手続申立団体による公告及び通知等（令四法五九目名改正）

（簡易確定手続申立団体による公告等）

第二六条　簡易確定手続開始決定がされたときは、簡易確定手続申立団体は、正当な理由がある場合を除き、届出期間の末日の一月前までに、次に掲げる事項を相当な方法により公告しなければならない。

一　被害回復裁判手続の概要

二　被害回復裁判手続の事案の内容

三　共通義務確認訴訟の確定判決の内容（請求の認諾、第二条第四号に規定する義務が存することを認める旨の和解又は和解金債権が存することを認める旨の和解がされた場合には、その内容）

四　共通義務確認訴訟において第二条第四号に規定する義務が認められた場合には、当該義務に係る対象債権及び対象消費者の範囲

五　共通義務確認訴訟において和解金債権が存する旨を認める和解をした場合には、当該和解金債権に係る第十一条第二項第一号及び第三号に掲げる事項

六　共通義務確認訴訟における和解において対象債権等の額又は算定方法が定められた場合には、当該額又は算定方法

七　簡易確定手続申立団体の名称及び住所

八　簡易確定手続申立団体の連絡先

九　簡易確定手続申立団体が支払を受ける報酬又は費用がある場合には、その額又は算定方法、支払方法その他必要な事項

十　対象消費者等（対象消費者及び和解対象消費者をいう。以下同じ。）が簡易確定手続申立団体に対して第三十四条第一項の授権をする方法

十一　対象消費者等が簡易確定手続申立団体に対して第三十四条第一項の授権をする期間

十二　その他内閣府令で定める事項

2　前項の規定による公告後、届出期間中に同項第七号に掲げる事項に変更があったときは、当該変更に係る簡易確定手続申立団体は、遅滞なく、その旨を、相当な方法により公告するとともに、裁判所及び相手方に通知しなければならない。この場合において、当該通知を受けた裁判所は、直ちに、官報に掲載してその旨を公告しなければならない。

3　第一項の規定による公告後、届出期間中に同項第八号から第十二号までに掲げる事項に変更があったときは、当該変更に係る簡易確定手続申立団体は、遅滞なく、その旨を、相当な方法により公告しなければならない。

（令四法五九見出し・一項・二項改正・三項追加・条数繰下（旧二五条））

解説

本条は、簡易確定手続開始決定がされたときに、簡易確定手続申立団体に、被害回復裁判手続の事案の内容、対象債権および対象消費者の範囲、和解金債権の額および和解対象消費者の範囲、簡易確定手続申立団体の名称等、同団体に対象消費者等（対象消費者および和解対象消費者をいう。）が授権（三四条一項）をする方法および期間などを通知する義務を課

する規定である。

（簡易確定手続申立団体による通知）

第二七条　簡易確定手続開始決定がされたときは、簡易確定手続申立団体は、正当な理由がある場合を除き、届出期間の末日の一月前までに、知れている対象消費者等（次条第一項の規定による通知（以下この目及び第九十八条第二項第二号において「相手方通知」という。）を受けたものを除く。）に対し、前条第一項各号に掲げる事項を書面又は電磁的方法（電子情報処理組織を使用する方法その他の情報通信の技術を利用する方法をいう。以下同じ。）であって内閣府令で定めるものにより通知しなければならない。

2　前項の規定にかかわらず、同項の規定による通知において次に掲げる事項を記載する場合には、前条第一項第一号、第三号、第六号、第九号、第十号及び第十二号に掲げる事項を記載することを要しない。

一　前条第一項の規定により公告を行っている旨

二　当該公告の方法

三　その他内閣府令で定める事項

（令四法五九見出し・一項・二項改正・旧三項・四項削除・条数繰下（旧二六条））

解説

本条は、簡易確定手続開始決定がされたときに、簡易確定手続申立団体に、知れている対象消費者等に対して二六条一項各号に掲げる事項を通知する義務を課する規定である。

（相手方による通知）

第二八条　相手方は、簡易確定手続申立団体の求め（相手方通知のため通常必要な期間を考慮して内閣府令で定める日までにされたものに限る。）があるときは、届出期間の末日の二月以上前の日であって内閣府令で定める日までに、当該求めに係る知れている対象消費者等に対し、次に掲げる事項を書面又は電磁的方法であって内閣府令で定めるものにより通知しなければならない。

一　被害回復裁判手続の事案の内容

二　共通義務確認訴訟において第二条第四号に規定する義務が認められた場合には、当該義務に係る対象債権及び対象消費者の範囲

三　共通義務確認訴訟において和解金債権が存する旨を認める和解をした場合には、当該和解金債権に係る第十一条第二項第一号及び第三号に掲げる事項

四　簡易確定手続申立団体の名称、住所及び連絡先

五　対象消費者等が簡易確定手続申立団体に対して第三十四条第一項の授権をする期間

六　簡易確定手続申立団体が第二十六条第一項の規定により公告を行っている旨

七　当該公告の方法
八　相手方の氏名又は名称、住所及び連絡先
九　その他内閣府令で定める事項

2 簡易確定手続申立団体は、相手方に対し、前項の求めをするときは、同項第四号に掲げる連絡先、同項第五号から第七号までに掲げる事項その他内閣府令で定める事項を通知しなければならない。

3 相手方は、相手方通知をしたときは、当該相手方通知をした時から一週間以内に、第一項の求めをした簡易確定手続申立団体に対し、次に掲げる事項を通知しなければならない。

一　相手方通知をした対象消費者等の氏名及び住所又は連絡先
二　相手方通知をした日
三　その他内閣府令で定める事項

（令四法五九本条追加）

解説　本条は、相手方に、簡易確定手続申立団体の求めがあるときは、知れている対象消費者に対して、被害回復裁判手続の事案の内容、対象債権および対象消費者の範囲、和解金債権の額および和解対象消費者の範囲、簡易確定手続申立団体の名称等、同団体に対象消費者等が授権（三四条一項）をする期間、相手方の氏名・名称等を通知する義務を課する規定であり、令和四年改正法で新設されたものである（六七頁、七八頁参照）。

（相手方による公表）

第二九条　相手方は、簡易確定手続申立団体の求めがあるときは、遅滞なく、インターネットの利用、営業所その他の場所において公衆に見やすいように掲示する方法その他これらに類する方法により、届出期間中、前条第一項各号に掲げる事項（同項第四号、第五号、第八号又は第九号に掲げる事項に変更があったときは、変更後の当該各号に掲げる事項）を公表しなければならない。

2 前条第二項の規定は、簡易確定手続申立団体が相手方に対し前項の求めをするときについて準用する。この場合において、同条第二項中「ならない」とあるのは、「ならない。この場合において、当該求めの後、届出期間中に前項第四号又は第五号に掲げる事項その他内閣府令で定める事項に変更があったときは、当該変更に係る簡易確定手続申立団体は、遅滞なく、その旨を相手方に通知しなければならない」と読み替えるものとする。

（令四法五九本条改正・二項追加・条数繰下（旧二七条））

解説　本条は、相手方に、簡易確定手続申立団体の求めがあると

きは、二八条一項各号に掲げる事項を、インターネット、営業所その他の場所での掲示などの方法で公表する義務を課する規定であり、令和四年改正法で新設されたものである（六七頁参照）。

（対象消費者等に関する情報に係る回答義務）

第三〇条 相手方は、簡易確定手続申立団体から次に掲げる事項について照会があるときは、当該照会があった時から一週間以内に、当該簡易確定手続申立団体に対し、書面又は電磁的方法であって内閣府令で定めるものにより回答しなければならない。

一 対象消費者等の数の見込み
二 知れている対象消費者等の数
三 相手方通知をする時期の見込み
四 その他内閣府令で定める事項

（令四法五九本条追加）

解説 本条は、相手方に、簡易確定手続申立団体の照会に対して、対象消費者等の数の見込み、知れている対象消費者等の数、相手方通知をする時期の見込みなどにつき、回答する義務を課する規定であり、令和四年改正法で新設されたものである（七八頁参照）。

（情報開示義務）

第三一条 相手方は、対象消費者等の氏名及び住所又は連絡先（内閣府令で定めるものに限る。次項において同じ。）が記載された文書（電磁的記録（電子的方式、磁気的方式その他人の知覚によっては認識することができない方式で作られる記録であって、電子計算機による情報処理の用に供されるものをいう。以下同じ。）をもって作成されている場合における当該電磁的記録を含む。）を所持する場合において、届出期間中に簡易確定手続申立団体の求めがあるときは、当該文書を当該簡易確定手続申立団体に開示することを拒むことができない。ただし、相手方が開示すべき文書の範囲を特定するために不相当な費用又は時間を要するときは、この限りでない。

2 前項に規定する文書の開示は、その写しの交付（電磁的記録については、当該電磁的記録を出力した書面の交付又は当該電磁的記録に記録された情報の電磁的方法による提供であって内閣府令で定めるもの）により行う。この場合において、相手方は、個人（対象消費者等でないことが明らかである者を除く。）の氏名及び住所又は連絡先が記載された部分以外の部分を除いて開示することができる。

3 相手方は、第一項に規定する文書の開示をしないときは、簡易確定手続申立団体に対し、速やかに、その旨及びその理由を書面により通知しなければならない。

（令四法五九第一項・二項改正・条数繰下（旧二八条））

解説　本条は、相手方が対象消費者等の氏名、住所等が記載された文書または記録された電磁的記録を所持する場合において、簡易確定手続申立団体の求めがあるときに、その開示をする義務を相手方に課する規定である。

（情報開示命令等）

第三二条　簡易確定手続申立団体は、届出期間中、裁判所に対し、情報開示命令（前条第一項の規定により相手方が簡易確定手続申立団体に開示しなければならない同項に規定する文書について、同条第二項に規定する方法による開示を相手方に命ずる旨の決定をいう。以下この条において同じ。）の申立てをすることができる。

2 情報開示命令の申立ては、文書の表示を明らかにしてしなければならない。

3 裁判所は、情報開示命令の申立てを理由があると認めるときは、情報開示命令を発する。

4 裁判所は、情報開示命令の申立てについて決定をする場合には、相手方を審尋しなければならない。

5 情報開示命令の申立てについての決定に対しては、即時抗告をすることができる。

6 情報開示命令は、執行力を有しない。

7 相手方が正当な理由なく情報開示命令に従わないときは、裁判所は、決定で、三十万円以下の過料に処する。

8 前項の決定に対しては、即時抗告をすることができる。

9 民事訴訟法第百八十九条の規定は、第七項の規定による過料の裁判について準用する。

（令四法五九第一項改正・条数繰下（旧二九条））

解説　本条は、三一条により相手方が所持する文書を簡易確定手続申立団体に開示する義務を負う場合において、裁判所が、同団体の申立てに基づいて、相手方に対して文書の開示を命ずる決定（情報開示命令）を発することを定める。この命令は執行力を有しないが（本条六項）、不遵守に対しては過料の制裁がある（本条七項）。なお、九条の解説参照。

第四目　対象債権等の確定（令四法五九目名改正）

（債権届出）

第三三条　簡易確定手続開始決定に係る対象債権等については、簡易確定手続申立団体に限り、届け出ることができる。

2 前項の規定による届出（以下「債権届出」という。）は、届出期間内に、次に掲げる事項を記載した書面（以下この節において「届出書」という。）を簡易確定手続開始決定をした裁判所に提出してしなければならない。

一　対象債権等について債権届出をする簡易確定手続申立団体、相手方及び届出消費者（対象債権等として裁判所に債権届出があった債権（以下「届出債権」という。）の債権者である消費者をいう。以下同じ。）並びにこれらの法定代理人

二　請求の趣旨及び原因（請求の原因については、共通義務確認訴訟において認められた義務又は和解金債権に係る事実上及び法律上の原因を前提とするものに限る。）

三　前二号に掲げるもののほか、最高裁判所規則で定める事項

3　簡易確定手続申立団体は、債権届出の時に対象消費者が事業者等に対して対象債権に基づく訴えを提起するとすれば民事訴訟法第一編第二章第一節の規定により日本の裁判所が管轄権を有しないときは、第一項の規定にかかわらず、当該対象債権については、債権届出をすることができない。

4　簡易確定手続申立団体は、対象消費者等が提起したその有する対象債権等に基づく訴訟が裁判所に係属しているときは、第一項の規定にかかわらず、当該対象債権等については、債権届出をすることができない。

〔令四法五九第一～四項改正・条数繰下（旧三〇条）〕

解説　本条は、簡易確定手続における債権届出につき規定し、簡易確定手続申立団体のみが債権届出をすることができること（本条一項）、対象債権者等が提起した対象債権等に基づく訴訟が係属しているときは、債権届出ができないこと（本条四項）などを定める。

（簡易確定手続についての対象消費者等の授権）

第三四条　簡易確定手続申立団体は、対象債権等について債権届出をし、及び当該対象債権等について簡易確定手続を追行するには、当該対象債権等に係る対象消費者等の授権がなければならない。

2　前項の対象消費者等は、簡易確定手続申立団体のうちから一の簡易確定手続申立団体を限り、同項の授権をすることができる。

3　第一項の授権をした対象消費者等は、当該授権を取り消すことができる。

4　前項の規定による第一項の授権の取消しは、当該授権をした対象消費者等又は当該授権を得た簡易確定手続申立団体から相手方に通知しなければ、その効力を生じない。

5　第一項の授権を得た簡易確定手続申立団体の第七十一条第一項に規定する特定認定が、第八十条第一項各号に掲げる事由により失効し、又は第九十二条第一項各号若しくは第

二項各号に掲げる事由により取り消されたときは、当該授権は、その効力を失う。

6 簡易確定決定があるまでに簡易確定手続申立団体が届出債権について第一項の授権を欠いたとき（前項の規定により当該授権がその効力を失ったときを除く。）は、当該届出債権については、債権届出の取下げがあったものとみなす。

7 債権届出に係る簡易確定手続申立団体（以下「債権届出団体」という。）の第七十一条第一項に規定する特定認定が、簡易確定決定があるまでに、第八十条第一項各号に掲げる事由により失効し、又は第九十二条第一項各号若しくは第二項各号に掲げる事由により取り消されたときは、届出消費者は、第二項の規定にかかわらず、第九十三条第六項の規定による公示がされた後一月の不変期間内に、同条第一項の規定による指定を受けた特定適格消費者団体に第一項の授権をすることができる。

8 前項の届出消費者が同項の期間内に第一項の授権をしないときは、その届出債権については、債権届出の取下げがあったものとみなす。

9 簡易確定決定があった後に、届出消費者が第三項の規定により第一項の授権を取り消したときは、当該届出消費者は、更に簡易確定手続申立団体に同項の授権をすることができない。

（令四法五九見出し・一項〜五項・七項改正・条数繰下（旧三一条））

解説　本条は、簡易確定手続申立団体が債権届出をする要件である対象消費者等の授権について規定する。簡易確定手続申立団体が複数ある場合、対象消費者等はそのうちの一の団体に限り、授権をすることができる（本条二項）。

（説明義務）

第三五条　簡易確定手続申立団体は、前条第一項の授権に先立ち、当該授権をしようとする者に対し、内閣府令で定めるところにより、被害回復裁判手続の概要及び事案の内容その他内閣府令で定める事項について、これを記載した書面を交付し、又はこれを記録した電磁的記録を提供して説明をしなければならない。

（令四法五九条数繰下（旧三二条））

解説　本条は、簡易確定手続申立団体に、授権をしようとする者に対して、授権に先立ち、被害回復裁判手続の概要および事案の内容等を説明すべき義務を課する規定である。

（簡易確定手続授権契約の締結及び解除）

第三六条　簡易確定手続申立団体は、やむを得ない理由があるときを除いては、簡易確定手続授権契約（対象消費者等が第三十四条第一項の授権をし、簡易確定手続申立団体が対象債権等について債権届出をすること及び簡易確定手続を追行することを約する契約をいう。以下同じ。）の締結を拒絶してはならない。

2　第三十四条第一項の授権を得た簡易確定手続申立団体は、やむを得ない理由があるときを除いては、簡易確定手続授権契約を解除してはならない。

（令四法五九第一項・二項改正・条数繰下（旧三三条））

解説

本条は、簡易確定手続申立団体が、対象消費者等との授権契約の締結を原則として拒めないこと、締結した授権契約を原則として解除できないことを定める。

（公平誠実義務等）

第三七条　第三十四条第一項の授権を得た簡易確定手続申立団体は、当該授権をした対象消費者等のために、公平かつ誠実に債権届出、簡易確定手続の追行及び第二条第九号ロに規定する民事執行の手続の追行（当該授権に係る債権に係る裁判外の和解を含む。）並びにこれらに伴い取得した金銭その他の財産の管理をしなければならない。

2　第三十四条第一項の授権を得た簡易確定手続申立団体は、当該授権をした対象消費者等に対し、善良な管理者の注意をもって前項に規定する行為をしなければならない。

（令四法五九本条改正・条数繰下（旧三四条））

解説

本条は、対象消費者等から授権を得た簡易確定手続申立団体に、授権した対象消費者等のために、公平誠実に、債権届出、簡易確定手続の追行、民事執行手続（二条九号ロ）の追行、これらに伴い取得した金銭等の管理を行う義務、善良な管理者の注意をもってこれらの行為をする義務を課する規定である。

（届出書の送達）

第三八条　裁判所は、第三十三条第二項の規定による届出書の提出を受けたときは、次条第一項又は第六十九条第一項の規定により債権届出を却下する場合を除き、遅滞なく、当該届出書を相手方に送達しなければならない。

（令四法五九本条改正・条数繰下（旧三五条））

解説

債権届出を受けた裁判所は、届出書を遅滞なく相手方に送達しなければならない。

（不適法な債権届出の却下）
第三九条 裁判所は、債権届出が不適法であると認めるとき、又は届出書の送達に必要な費用の予納がないときは、決定で、当該債権届出を却下しなければならない。
2 前項の決定に対しては、即時抗告をすることができる。
〔令四法五九条数繰下（旧三六条）〕

解説 本条は、債権届出が不適法な場合および送達費用の予納がない場合に、裁判所が債権届出を却下すべきことを定める。

（簡易確定手続における和解）

第四〇条 債権届出団体は、簡易確定手続において、届出債権について、和解をすることができる。

〔令四法五九条数繰下（旧三七条）〕

解説 簡易確定手続における和解を許す規定である。なお、共通義務確認訴訟における和解については、一一条参照。

（債権届出があったときの時効の完成猶予及び更新）

第四一条 債権届出があったときは、当該債権届出に係る対象債権の時効の完成猶予及び更新に関しては、簡易確定手続の前提となる共通義務確認の訴えを提起し、又は民事訴訟法第百四十三条第二項の書面を当該共通義務確認の訴えが係属していた裁判所に提出した時に、裁判上の請求があったものとみなす。

〔令四法五九見出し・本条改正・条数繰下（旧三八条）〕

解説 本条は、時効の完成猶予および更新に関する特則である（七一頁参照）。簡易確定手続において債権届出があった場合には、その前提となる共通義務確認の訴えを提起した時または民事訴訟法一四三条二項の書面（請求変更の書面）を共通義務確認の訴えが係属していた裁判所に提出した時に、裁判上の請求があったものとみなされる。

（債権届出の内容の変更の制限）

第四二条 債権届出団体は、届出期間内に限り、当該債権届出の内容を変更することができる。

〔令四法五九条数繰下（旧三九条）〕

解説 本条は、債権届出期間内に限り、債権届出の内容の変更を許す規定である。

（債権届出の取下げ）

第四三条　債権届出は、簡易確定決定に対し適法な異議の申立てがあるまで、その全部又は一部を取り下げることができる。ただし、簡易確定決定があった後にあっては、相手方の同意を得なければ、その効力を生じない。

2 民事訴訟法第二百六十一条第三項及び第四項並びに第二百六十二条第一項の規定は、前項の規定による債権届出の取下げについて準用する。この場合において、同法第二百六十一条第四項中「電子調書」とあるのは「調書」と、「記録しなければ」とあるのは「記載しなければ」と読み替えるものとする。〔本条改正の施行は、令四法四八〈四年内〉施行日〕

> **第四三条**〔同〕
> 2 民事訴訟法第二百六十一条第三項及び第二百六十二条第一項の規定は、前項の規定による債権届出の取下げについて準用する。

〔令四法五九条数繰下（旧四〇条）〕

解説　本条は、債権届出の取り下げに関する規定である。

（届出消費者表の作成等）

第四四条　裁判所書記官は、届出債権について、届出消費者表を作成しなければならない。

2 前項の届出消費者表には、各届出債権について、その内容その他最高裁判所規則で定める事項を記載しなければならない。

3 届出消費者表の記載に誤りがあるときは、裁判所書記官は、申立てにより又は職権で、いつでもその記載を更正する処分をすることができる。

〔令四法五九条数繰下（旧四一条）〕

解説　裁判所書記官は、本条に従い、届出債権につき届出消費者表を作成し、これに認否の内容を記載する（四五条四項）。

（届出債権の認否）

第四五条　相手方は、届出期間内に債権届出があった届出債権の内容について、認否期間内に、認否をしなければならない。

2 認否期間内に前項の認否（以下「届出債権の認否」という。）がないときは、相手方において、届出期間内に債権届出があった届出債権の内容の全部を認めたものとみなす。

3 相手方が、認否期間内に届出債権の内容の全部を認めたときは、当該届出債権の内容は、確定する。

4 裁判所書記官は、届出債権の認否の内容を届出消費者表に記載しなければならない。

5 第三項の規定により確定した届出債権については、届出消費者表の記載は、確定判決と同一の効力を有する。この場合において、債権届出団体は、確定した届出債権について、相手方に対し、届出消費者表の記載により強制執行をすることができる。

（令四法五九条数繰下（旧四二条））

解説 本条は、届出債権の認否に関する規定である。相手方は、届出期間内に債権届出があった届出債権の内容につき、認否期間内に認否しなければならず（本条一項）、認否がないときは届出債権の内容を全部認めたものとみなされる（本条二項）。相手方が届出債権の内容をすべて認めたときは、当該届出債権の内容は確定し（本条三項）、そのことを記した届出消費者表の記載は、確定判決と同一の効力を有する（本条五項前段）。この場合、債権届出団体は、確定した届出債権について、相手方に対して、届出消費者表の記載により（民事執行法二二条七号）、強制執行をすることができる（本条五項後段）。

（認否を争う旨の申出）

第四六条　債権届出団体は、前条第三項の規定により届出債権の内容が確定したときを除き、届出債権の認否に対し、認否期間の末日から一月の不変期間内に、裁判所に届出債権の認否を争う旨の申出（以下単に「認否を争う旨の申出」という。）をすることができる。

2 裁判所は、認否を争う旨の申出が不適法であると認めるときは、決定で、これを却下しなければならない。

3 前項の決定に対しては、即時抗告をすることができる。

4 裁判所書記官は、認否を争う旨の申出の有無を届出消費者表に記載しなければならない。

（令四法五九条数繰下（旧四三条））

解説 相手方が届出債権の内容の全部は認めない場合、債権届出団体は、届出債権の認否を争う旨の申出をすることができる（本条一項）。

（簡易確定決定）

第四七条　裁判所は、適法な認否を争う旨の申出があったときは、第三十九条第一項又は第六十九条第一項の規定により債権届出を却下する場合を除き、簡易確定決定をしなければならない。

2 裁判所は、簡易確定決定をする場合には、当事者双方を審尋しなければならない。

3 簡易確定決定は、主文及び理由の要旨を記載した決定書を作成してしなければならない。

4 届出債権の支払を命ずる簡易確定決定（第五十九条及び第八十九条第一項第二号において「届出債権支払命令」という。）については、裁判所は、必要があると認めるときは、申立てにより又は職権で、担保を立てて、又は立てないで仮執行をすることができることを宣言することができる。

5 第三項の決定書は、当事者に送達しなければならない。この場合においては、簡易確定決定の効力は、当事者に送達された時に生ずる。

（令四法五九第一項・四項改正・条数繰下（旧四四条））

解説

適法な認否を争う旨の申出（四六条）があったときは、裁判所は、当事者双方を審尋したうえで、届出債権の存否・額について決定手続で判断する（本条一項・二項）。この裁判は簡易確定決定と呼ばれる。相手方に対して、債権届出団体への届出債権の支払いを命ずる旨の簡易確定決定は、届出債権支払命令と呼ばれ、仮執行の宣言を付することができる（本条四項）。

（証拠調べの制限）

第四八条　簡易確定決定のための審理においては、証拠調べは、書証及び電磁的記録に記録された情報の内容に係る証拠調べに限りすることができる。

2 文書の提出の命令若しくは民事訴訟法第二百三十一条の三第一項において準用する同法第二百二十三条に規定する命令又は対照の用に供すべき筆跡若しくは印影を備える物件の提出の命令は、することができない。

3 前二項の規定は、裁判所が職権で調査すべき事項には、適用しない。（本条改正の施行は、令四法四八〈四年内〉施行日）

> **第四八条**　簡易確定決定のための審理においては、証拠調べは、書証に限りすることができる。
>
> 2 文書の提出又は対照の用に供すべき筆跡若しくは印影を備える物件の提出の命令は、することができない。
>
> 3 〔同〕

（令四法五九条数繰下（旧四五条））

解説

本条は、簡易確定決定のための証拠調べは、書証および電磁的に記録された情報の内容に限られることを定める（本条一項）。なお、書証の取調手続のうち、文書提出命令の手続（民事訴訟法二二三条）などは利用できない（本条二項）。

（異議の申立て等）

第四九条　当事者は、簡易確定決定に対し、第四十七条第五項の規定による送達を受けた日から一月の不変期間内に、当該簡易確定決定をした裁判所に異議の申立てをすることができる。

2届出消費者は、簡易確定決定に対し、債権届出団体が第四十七条第五項の規定による送達を受けた日から一月の不変期間内に、当該簡易確定決定をした裁判所に異議の申立てをすることができる。

3裁判所は、異議の申立てが不適法であると認めるときは、決定で、これを却下しなければならない。

4前項の決定に対しては、即時抗告をすることができる。

5適法な異議の申立てがあったときは、簡易確定決定は、仮執行の宣言を付したものを除き、その効力を失う。

6適法な異議の申立てがないときは、簡易確定決定は、確定判決と同一の効力を有する。

7民事訴訟法第二百六十一条第三項から第六項まで、第二百六十二条第一項、第二百六十三条、第三百五十八条並びに第三百六十条第一項及び第二項の規定は、第一項及び第二項の異議について準用する。この場合において、同法第二百六十一条第四項中「電子調書」とあるのは「調書」と、「記録しなければ」とあるのは「記載しなければ」と、同条第五項中「前項の規定により訴えの取下げがされた旨が記録された電子調書」とあるのは「その期日の調書の謄本」と読み替えるものとする。〔本条改正の施行は、令四法四八〈四年内〉施行日〕

第四九条〔同〕
2〜6〔同〕
7民事訴訟法第三百五十八条及び第三百六十条の規定は、第一項及び第二項の異議について準用する。
〔令四法五九第一項・二項改正・条数繰下（旧四六条）〕

解説　本条は、簡易確定決定に対する異議の申立てについて定める。異議申立てをすることができるのは、簡易確定手続の当事者（債権届出団体および相手方）と届出債権者である（本条一項・二項）。適法な異議の申立てがあったときは、仮執行の宣言を付したものを除き、簡易確定決定は効力を失い（本条五項）、以後は、通常の民事訴訟手続で審理される（五六条）。仮執行の宣言を付した簡易確定決定は、異議申立ての後もその効力が存続するが、以後は、同様に通常の民事訴訟手続で審理され、その当否が審査され、終局判決で認可または取消しがなされることになる（五九条）。適法な異議の申立てがないときは、簡易確定決定は、確定判決と同一の効力を有する（本条六項）。

（認否を争う旨の申出がないときの届出債権の確定等）
第五〇条　適法な認否を争う旨の申出がないときは、届出債権の内容は、届出債権の認否の内容により確定する。

2前項の規定により確定した届出債権については、届出消費者表の記載は、確定判決と同一の効力を有する。この場合において、債権届出団体は、確定した届出債権について、相手方に対し、届出消費者表の記載により強制執行をすることができる。

（令四法五九条数繰下（旧四七条））

解説

本条は、適法な認否を争う旨の申出（四六条参照）がないときは、届出債権の内容が認否の内容により確定し、届出債権者表の記載が確定判決と同一の効力を有することとなり、届出債権届出団体がこれに基づいて強制執行をすることができる旨、規定する。

第五目　費用の負担

（個別費用を除く簡易確定手続の費用の負担）

第五一条　簡易確定手続の費用（債権届出の手数料及び簡易確定手続における届出債権に係る申立ての手数料（次条第一項及び第三項において「個別費用」と総称する。）を除く。以下この条において同じ。）は、各自が負担する。

2前項の規定にかかわらず、裁判所は、事情により、同項の規定によれば当事者がそれぞれ負担すべき費用の全部又は一部を、その負担すべき者以外の当事者に負担させることができる。

3裁判所は、簡易確定手続に係る事件が終了した場合において、必要があると認めるときは、申立てにより又は職権で、簡易確定手続の費用の負担を命ずる決定をすることができる。

4前項の決定に対しては、即時抗告をすることができる。

5民事訴訟法第六十九条から第七十二条まで（第七十一条第二項（同法第七十二条後段において準用する場合を含む。）を除く。）及び第七十四条の規定は、簡易確定手続の費用の負担について準用する。〔本条改正の施行は、令四法四八（四年内）施行日〕

> **第五一条**〔同〕
> 2～4〔同〕
> 5民事訴訟法第六十九条から第七十二条まで及び第七十四条の規定は、簡易確定手続の費用の負担について準用する。

（令四法五九条数繰下（旧四八条））

解説

本条は、個別費用（債権届出の手数料および簡易確定手続における届出債権に係る申立ての手数料）を除く簡易確定手続の費用の負担について規定する。

（個別費用の負担）

第五二条　裁判所は、届出債権について簡易確定手続に係る事件が終了した場合（第五十六条第一項の規定により訴えの提起があったものとみなされた場合には、異議後の訴訟が終了した場合）において、必要があると認めるときは、申立てにより又は職権で、当該事件に関する個別費用の負担を命ずる決定をすることができる。
2 前項の決定に対しては、即時抗告をすることができる。
3 民事訴訟法第一編第四章第一節（第六十五条、第六十六条、第六十七条第二項、第七十一条第二項（同法第七十二条後段において準用する場合を含む。）及び第七十三条を除く。）の規定は、個別費用の負担について準用する。〔本条改正の施行は、令四法四八〈四年内〉施行日〕

> **第五二条**〔同〕
> 2〔同〕
> 3 民事訴訟法第一編第四章第一節（第六十五条、第六十六条、第六十七条第二項及び第七十三条を除く。）の規定は、個別費用の負担について準用する。

（令四法五九第一項改正・条数繰下（旧四九条））

解説　本条は、簡易確定手続に係る個別費用（債権届出の手数料および簡易確定手続における届出債権に係る申立ての手数料）の負担について規定する。

第六目　補則

（民事訴訟法の準用）
第五三条　特別の定めがある場合を除き、簡易確定手続については、その性質に反しない限り、民事訴訟法第二条、第十四条、第十六条、第二十一条、第二十二条、第一編第二章第三節、第三章（第三十条、第四十条から第四十九条まで、第五十二条及び第五十三条を除く。）及び第五章（第八十七条、第八十七条の二、第九十二条第六項から第十項まで、第二節、第九十一条の二、第九十二条第六項から第十項まで、第二節、第九十四条、第百条第二項、第四節第三款、第百十一条、第百十六条並びに第百十八条を除く。）、第二編第一章（第百三十四条、第百三十四条の二、第百三十七条第二項及び第三項、第百三十七条の二第六項から第九項まで、第百三十八条第一項、第百三十九条、第百四十条並びに第百四十三条から第百四十六条までを除く。）、第三章（第百五十一条第三項、第百五十六条の二、第百五十七条の二、第百五十八条、第百五十九条第三項、第百六十条第二項、第百六十一条第三項及び第三節を除く。）、第四章（第百八十五条第三項、第百八十七条第三項及び第四項、第二百五条第二項、第二百十五条第二項、第二百二十七条第二項、第二百三十二条の二並びに第七節を除く。）、第五章（第二百四十五条、第二百四十九条から第二百五十二条まで、第二百五十二条第二項、第二百五十三条から第二百五十五条まで、第二百五十八条第二項から第四項まで並びに第二百五十九条第一項及び第二項を除く。）及び第六章（第二百六十一条から第二百六十三条まで、第二百六十六条及び第二百六十七条第二項を除く。）、第三編第三章、第四編並びに第九編（第四百三条第一項第二号及び第四号から第六号までを除く。）の規定を準用する。この場合において、別表の上欄に掲げる同法の規定中同表の中欄に掲げる字句は、それぞれ同表の下欄に掲げる字句に読み替えるものとする。〔本条改正の施行は、令四法四八〈二年内〉施行日、令四法四八〈四年内〉施行日〕

第五三条　特別の定めがある場合を除き、簡易確定手続については、その性質に反しない限り、民事訴訟法第二条、第十四条、第十六条、第二十一条、第二十二条、第一編第二章第三節、第三章（第三十条、第四十条から第四十九条まで、第五十二条及び第五十三条を除く。）、第五章（第八十七条、第九十一条第一項及び第二項、第九十二条第六項から第八項まで、第二節、第百十六条並びに第百十八条を除く。）及び第七章、第二編第一章（第百三十四条、第百三十四条の二、第百三十七条第二項及び第三項、第百三十八条第一項、第百三十九条、第百四十条並びに第百四十三条から第百四十六条までを除く。）、第三章（第百五十六条の二、第百五十七条の二、第百五十八条、第百五十九条第三項、第百六十一条第三項及び第三節を除く。）、第四章（第七節を除く。）、第五章（第二百四十五条、第二百四十九条から第二百五十二条まで、第二百五十三条第二項、第二百五十四条、第二百五十五条、第二百五十八条第二項から第四項まで並びに第二百五十九条第一項及び第二項を除く。）及び第六章（第二百六十一条から第二百六十三条まで及び第二百六十六条を除く。）、第三編第三章、第四編並びに第八編（第四百三条第一項第二号及び第四号から第六号までを除く。）の規定を準用する。

〔令四法五九本条改正・条数繰下（旧五〇条）〕

解説　本条は、簡易確定手続につき、民事訴訟法の多くの規定を準用しているが、令和四年改正法は、次の五四条の新設に伴い、民事訴訟法九一条一項（広く訴訟記録の閲覧を許している規定）を準用しないものとしている。

（簡易確定手続に係る事件の記録の閲覧）

第五四条　簡易確定手続の当事者及び利害関係を疎明した第三者は、裁判所書記官に対し、簡易確定手続に係る事件の記録の閲覧を請求することができる。

〔令四法五九本条追加〕

解説　本条は、令和四年改正法が新設した規定であり、簡易確定手続に係る事件の記録の閲覧を請求できる者を、同手続の当事者および利害関係を疎明した第三者に限定している。消費者個人が、自己の取引や権利などに関する情報が、記録閲覧を通じて無限定の第三者に知られてしまうことをおそれて、手続の利用に消極的になることを避ける趣旨の改正である。

☆**（期日の呼出し）**

第五四条の二 簡易確定手続における期日の呼出しは、呼出状の送達、当該事件について出頭した者に対する期日の告知その他相当と認める方法によってする。

2 呼出状の送達及び当該事件について出頭した者に対する期日の告知以外の方法による期日の呼出しをしたときは、期日に出頭しない者に対し、法律上の制裁その他期日の不遵守による不利益を帰することができない。ただし、その者が期日の呼出しを受けた旨を記載した書面を提出したときは、この限りでない。〔本条追加の施行は、令四法四八〈四年内〉施行日〕

解説 民事訴訟手続のIT化に伴う改正規定である。

（送達の特例）

第五五条 第五十三条において準用する民事訴訟法第百四条第一項前段の規定による届出がない場合には、送達は、次の各号に掲げる区分に応じ、それぞれ当該各号に定める場所においてする。

一 共通義務確認訴訟において民事訴訟法第百四条第一項前段の規定による届出があった場合 当該届出に係る場所

二 共通義務確認訴訟において民事訴訟法第百四条第一項前段の規定による届出がなかった場合 当該共通義務確認訴訟における同条第三項に規定する場所

2 公示送達は、裁判所書記官が送達すべき書類を保管し、いつでも送達を受けるべき者に交付すべき旨を裁判所の掲示場に掲示してする。〔本条改正の施行は、令四法四八〈四年内〉施行日〕

第五五条〔二項は新設規定〕

〔令四法五九本条改正・条数繰下（旧五一条）〕

解説 民事訴訟手続のIT化に伴う改正規定である。

☆**（電子情報処理組織による申立て等）**

第五五条の二 簡易確定手続における申立てその他の申述（以下この条において「申立て等」という。）のうち、当該申立て等に関するこの法律その他の法令の規定により書面等（書面、書類、文書、謄本、抄本、正本、副本、複本その他文字、図形等人の知覚によって認識することができる情報が記載された紙その他の有体物をいう。次項及び第四項において同じ。）をもってするものとされているものであって、最高裁判所の定める裁判所に対してするもの（当該裁判所の裁判長、受命裁判官、受託裁判官又は裁判所書記官に対してするものを含む。）については、当該法令の規定にかかわらず、最高裁判所規則で定めるところにより、電子情報処理組織（裁判所の使用に係る電子計算機（入出力装置を含む。以下この項及び第三項において同じ。）と申立て等をする者の使用に係る電子計算機とを電気通信回線で接続した電子情報処理組織をいう。）を用いてすることができる。

2 前項の規定によりされた申立て等については、当該申立て等を書面等をもってするものとして規定した申立て等に関する法令の規定に規定する書面等をもってされたものとみなして、当該申立て等に関する法令の規定を適用する。

3 第一項の規定によりされた申立て等は、同項の裁判所の使用に係る電子計算機に備えられたファイルへの記録がされた時に、当該裁判所に到達したものとみなす。

4 第一項の場合において、当該申立て等に関する他の法令の規定により署名等（署名、記名、押印その他氏名又は名称を書面等に記載することをいう。以下この項において同じ。）をすることとされているものについては、当該申立て等をする者は、当該法令の規定にかかわらず、当該署名等に代えて、最高裁判所規則で定めるところにより、氏名又は名称を明らかにする措置を講じなければならない。

5 第一項の規定によりされた申立て等が第三項に規定するファイルに記録されたときは、第一項の裁判所は、当該ファイルに記録された情報の内容を書面に出力しなければならない。

6 第一項の規定によりされた申立て等に係るこの法律その他の法令の規定による簡易確定手続に係る事件の記録の閲覧若しくは謄写又はその正本、謄本若しくは抄本の交付は、前項の書面をもってするものとする。当該申立て等に係る書類の送達又は送付も、同様とする。〔本条追加の施行は、令四法四八〈四年内〉施行日〕

解説　民事訴訟手続のＩＴ化に伴う改正規定である。

第二款　異議後の訴訟に係る民事訴訟手続の特例

（訴え提起の擬制等）

第五六条　簡易確定決定に対し適法な異議の申立てがあったときは、債権届出に係る請求については、当該債権届出の時に、当該債権届出に係る債権届出団体（当該債権届出に係る届出消費者が当該異議の申立てをしたときは、その届出消費者）を原告として、当該簡易確定決定をした地方裁判所に訴えの提起があったものとみなす。この場合においては、届出書を訴状と、第三十八条の規定による送達を訴状の送達とみなす。

2 前項の規定により訴えの提起があったものとみなされる事件は、同項の地方裁判所の管轄に専属する。

3 前項の事件が係属する地方裁判所は、著しい損害又は遅滞を避けるため必要があると認めるときは、同項の規定にかかわらず、申立てにより又は職権で、その事件に係る訴訟を民事訴訟法第四条第一項又は第五条第一号、第五号若しくは第九号の規定により管轄権を有する地方裁判所に移送することができる。

4 和解金債権についての債権届出に係る請求について第一項の規定により訴えの提起があったものとみなされる事件には、民事訴訟法第七編の規定は、適用しない。〔本条改正の施行は、令四法四八〈四年内〉施行日〕

第五六条〔四項は新設規定〕

〔令四法五九第一項改正・条数繰下（旧五二条）〕

解説

本条は、簡易確定決定に対して適法な異議の申立てがあったときは、債権届出に係る請求について、当該簡易確定決定をした地方裁判所において、債権届出団体（届出消費者が異議申立てをしたときはその届出消費者）を原告、相手方を被告とする訴訟手続が開始することを規定する。この訴訟は、通常の民事訴訟（給付訴訟）である。なお、和解金債権についての債権届出に係る請求については、民事訴訟法の令和四年改正で新設された法定審理期間訴訟手続（当事者双方の意思に基づき審理開始から六か月以内に口頭弁論を終結し、その後一か月以内に判決を言い渡す手続）は、利用することができない（本条四項）。

（異議後の訴訟についての届出消費者の授権）

第五七条　債権届出団体は、異議後の訴訟を追行するには、届出消費者の授権がなければならない。

2 届出消費者は、その届出債権に係る債権届出団体に限り、前項の授権をすることができる。

3 届出消費者が第八項において準用する第三十四条第三項の規定により第一項の授権を取り消し、又は自ら異議後の訴訟を追行したときは、当該届出消費者は、更に債権届出団体に同項の授権をすることができない。

4 債権届出団体は、正当な理由があるときを除いては、訴訟授権契約（届出消費者が第一項の授権をし、債権届出団体が異議後の訴訟を追行することを約する契約をいう。以下同じ。）の締結を拒絶してはならない。

5 第一項の授権を得た債権届出団体は、正当な理由があるときを除いては、訴訟授権契約を解除してはならない。

6 第一項の授権を得た債権届出団体は、当該授権をした届出消費者のために、公平かつ誠実に異議後の訴訟の追行及び

第二条第九号ロに規定する民事執行の手続の追行（当該授権に係る債権に係る裁判外の和解を含む。）並びにこれらに伴い取得した金銭その他の財産の管理をしなければならない。

7 第一項の授権を得た債権届出団体は、当該授権をした届出消費者に対し、善良な管理者の注意をもって前項に規定する行為をしなければならない。

8 第三十四条第三項から第五項まで及び第三十五条の規定は、第一項の授権について準用する。

9 民事訴訟法第五十八条第二項並びに第百二十四条第一項（第六号に係る部分に限る。）及び第二項の規定は、異議後の訴訟において債権届出団体が第一項の授権を欠くときについて準用する。

（令四法五九第三項・八項改正・条数繰下（旧五三条））

解説 本条は、債権届出団体が五六条の訴訟手続を追行するための要件として、届出消費者からの授権を定める。この授権は、簡易確定手続申立団体が債権届出をする要件としての対象消費者の授権（三四条）とは別であり、届出債権者が債権届出団体に訴訟手続の追行を委ねるかどうか、届出債権者の意思が改めて確認される（七一頁参照）。届出消費者は、その届出債権に係る債権届出団体に限り訴訟追行の授権をすることができる（本条二項）。届出消費者がいったんした授権を取り消したり、自ら異議後の訴訟追行をしたときは、重ねて債権届出団体に授権をすることはできない（本条三項）。債権届出団体の訴訟授権契約締結義務および契約解除の禁止（本条四項・五項）ならびに授権した届出消費者に対する公平誠実義務および善管注意義務（本条六項・七項）は、簡易確定手続についての三七条と同旨の規定である。

（訴えの変更の制限等）

第五八条 異議後の訴訟においては、原告は、訴えの変更（届出消費者又は請求額の変更を内容とするものを除く。）をすることができない。

2 異議後の訴訟においては、反訴を提起することができない。

（令四法五九条数繰下（旧五四条））

（異議後の判決）

第五九条 仮執行の宣言を付した届出債権支払命令に係る請求について第五十六条第一項の規定により訴えの提起があったものとみなされた場合において、当該訴えについてすべき判決が届出債権支払命令と符合するときは、その判決において、届出債権支払命令を認可しなければならない。ただし、届出債権支払命令の手続が法律に違反したものであるときは、この限りでない。

2 前項の規定により届出債権支払命令を認可する場合を除

き、仮執行の宣言を付した届出債権支払命令に係る請求について第五十六条第一項の規定により訴えの提起があったものとみなされた場合における当該訴えについてすべき判決においては、届出債権支払命令を取り消さなければならない。

（令四法五九本条改正・条数繰下（旧五五条））

解説

仮執行宣言を付した簡易確定決定（届出債権支払命令）に対して異議申立てがあった場合に、その後の訴訟手続においてはその当否を審査することになるが（四九条五項参照）、本条は、終局判決において、認可または取消しの判断を示すべきことを定めている。

（訴えの取下げの制限）

第六〇条　異議後の訴訟においては、訴えの取下げは、相手方の同意を得なければ、その効力を生じない。

（令四法五九本条追加）

解説

本条は、令和四年改正法が新設した規定であり、異議後の訴訟における訴えの取下げにつき、相手方の同意を必要とすることで、簡易確定決定後の債権届出の取下げ（四三条一項但書）および異議の取下げ（四九条七項、民事訴訟法三六〇条二項）の規律との整合を図っている。

第三節　特定適格消費者団体のする仮差押え

（特定適格消費者団体のする仮差押え）

第六一条　特定適格消費者団体は、当該特定適格消費者団体が取得する可能性のある債務名義に係る対象債権の実現を保全するため、民事保全法の規定により、仮差押命令の申立てをすることができる。

2　特定適格消費者団体は、保全すべき権利に係る金銭の支払義務について共通義務確認の訴えを提起することができる場合に限り、前項の申立てをすることができる。

3　第一項の申立てにおいては、保全すべき権利について、対象債権及び対象消費者の範囲並びに当該特定適格消費者団体が取得する可能性のある債務名義に係る対象債権の総額を明らかにすれば足りる。

4　特定適格消費者団体は、対象債権について、第一項の規定によるもののほか、保全命令の申立てをすることができない。

（令四法五九条数繰下（旧五六条））

解説
本条は、特定適格消費者団体が、取得する可能性のある債務名義に係る対象債権の実現を保全するために、共通義務確認の訴えを本案として、仮差押えの申立てをすることを認める規定であり、民事保全法の特則である（七六頁参照）。一般に仮差押命令の発令のためには、被保全債権の疎明が必要である（民事保全法一三条一項）が、本条三項は、対象債権および対象消費者の範囲ならびに当該消費者団体が取得する可能性のある債務名義に係る対象債権の総額を明らかにすれば足りるものとする。

（管轄）

第六二条　前条第一項の申立てに関する民事保全法第十一条の規定の適用については、共通義務確認の訴えを本案の訴えとみなす。

2　民事保全法第十二条第一項及び第三項の規定の適用については、共通義務確認訴訟の管轄裁判所を本案の管轄裁判所とみなす。

（令四法五九条数繰下（旧五七条））

（保全取消しに関する本案の特例）

第六三条　第六十一条第一項の申立てに係る仮差押命令（以下単に「仮差押命令」という。）に関する民事保全法第三十七条第一項、第三項及び第四項の規定の適用については、当該申立てに係る仮差押えの手続の当事者である特定適格消費者団体がした共通義務確認の訴えの提起を本案の訴えの提起とみなす。

2　前項の共通義務確認の訴えに係る請求を認容する判決が確定したとき又は請求の認諾、第二条第四号に規定する義務が存することを認める旨の和解若しくは和解金債権が存することを認める旨の和解によって同項の共通義務確認の訴えに係る訴訟が終了したときは、同項の特定適格消費者団体が簡易確定手続開始の申立てをすることができる期間及び当該特定適格消費者団体を当事者とする簡易確定手続又は異議後の訴訟が係属している間は、民事保全法第三十七条第一項及び第三項の規定の適用については、本案の訴えが係属しているものとみなす。

3　民事保全法第三十八条及び第四十条の規定の適用については、第六十一条第一項の申立てに係る仮差押えの手続の当事者である特定適格消費者団体が提起した共通義務確認訴訟に係る第一審裁判所（当該共通義務確認訴訟が控訴審に係属するときは、控訴裁判所）を本案の裁判所とみなす。

（令四法五九第一～三項改正・条数繰下（旧五八条））

解説
本条一項は、本案の訴えの不提起による仮差押命令の取消しを定める民事保全法三七条の特則として、共通義務確認の訴えの提起を本案の訴えの提起とみなすものとする。また、本条二項は、共通義務確認の訴えに係る請求を認容する判決が確定したとき、または請求の認諾、共通義務もしくは和解金債権の存在を認める旨の和解により訴訟が終了したときに、特定適格消費者団体が簡易確定手続開始の申立てをすることができる期間および簡易確定手続または異議後の訴訟が係属している間は、本案の訴えが係属しているものとみなして、仮差押えの効力を存続させている。

（仮差押えをした特定適格消費者団体の義務）

第六四条　特定適格消費者団体は、仮差押命令に係る仮差押えの執行がされている財産について強制執行の申立てをし、又は当該財産について強制執行若しくは担保権の実行の手続がされている場合において配当要求をするときは、当該特定適格消費者団体が取得した債務名義及び取得することとなる債務名義に係る届出債権を平等に取り扱わなければならない。

（令四法五九条数繰下（旧五九条））

解説

本条は、特定適格消費者団体が、仮差押えの対象とした財産について強制執行の申立てをし、または当該財産を対象とする強制執行もしくは担保権実行手続において配当要求をするときは、当該特定適格消費者団体が取得した債務名義および取得することとなる債務名義に係る届出債権を平等に取り扱うことを義務付けている。個々の届出消費者の債権が確定する時期が、相手方の認否、簡易確定決定または異議後の訴訟の経過次第で、届出消費者ごとに異なる可能性があることから、仮差押えをした財産がもっぱら早期に確定した届出消費者の満足に使い尽くされてしまうことがないよう、当該特定適格消費者団体が配慮することを義務付ける趣旨である。

第四節　補則

（訴訟代理権の不消滅）

第六五条　訴訟代理権は、被害回復裁判手続の当事者である特定適格消費者団体の第七十一条第一項に規定する特定認定が、第八十条第一項各号に掲げる事由により失効し、又は第九十二条第一項各号若しくは第二項各号に掲げる事由により取り消されたことによっては、消滅しない。

（令四法五九本条改正・条数繰下（旧六〇条））

解説

本条は、被害回復裁判手続の当事者である特定適格消費者団体の特定認定（七一条一項）が失効した場合（八〇条）または取り消された場合（九二条）に、当該団体の訴訟代理人の訴訟代理権は消滅しないことを定める。これらの場合、手続を受け継ぐべき特定適格消費者団体が指定され（九三条）、訴訟代理人は、指定により新たな当事者となった特定適格消費者団体のために訴訟手続を追行することとなる。

（手続の中断及び受継）

第六六条　次の各号に掲げる手続の当事者である特定適格消費者団体の第七十一条第一項に規定する特定認定が、第八十条第一項各号に掲げる事由により失効し、又は第九十二条第一項各号若しくは第二項各号に掲げる事由により取り消されたときは、その手続は、中断する。この場合において、それぞれ当該各号に定める者は、その手続を受け継がなければならない。

一　共通義務確認訴訟の手続、簡易確定手続（次号に掲げる簡易確定手続を除く。）又は仮差押命令に係る仮差押えの手続（仮差押えの執行に係る訴訟手続を含む。）　第九十三条第一項の規定による指定を受けた特定適格消費者団体

二　簡易確定手続（簡易確定決定があった後の手続に限る。）又は異議後の訴訟の手続　第九十三条第一項の規定による指定を受けた特定適格消費者団体（第三十四条第一項又は第五十七条第一項の授権を得た場合に限る。）又は届出消費者

三　特定適格消費者団体が対象債権等に関して取得した債務名義に係る民事執行に係る訴訟手続　第九十三条第三項の規定による指定を受けた特定適格消費者団体

2　前項の規定は、訴訟代理人がある間は、適用しない。

3　第一項（第一号に係る部分に限る。）の規定は、共通義務確認訴訟又は簡易確定手続（特定適格消費者団体であった法人が債権届出をした場合を除く。）において、他に当事者である特定適格消費者団体がある場合には、適用しない。

（令四法五九第一項改正・条数繰下（旧六一条））

解説

本条一項は、被害回復裁判手続の当事者である特定適格消費者団体の特定認定（七一条一項）が失効した場合（八〇条）または取り消された場合（九二条）に、手続が中断し、指定（九三条）を受けた特定適格消費者団体または届出消費者（本条一項二号の場合）が手続を受継すべきことを定める。特定認可が失効しまたは特定を認可を取り消された特定適格消費者団体に訴訟代理人がいる間は、訴訟手続は中断しない（本条二項）。この場合は、六五条の規定により当該訴訟代理人の代理権は消滅せず、訴訟代理人は、新たな当事者のために手続を追行できるからである。

（関連する請求に係る訴訟手続の中止）

第六七条　共通義務確認訴訟が係属する場合において、当該

共通義務確認訴訟の当事者である事業者等と対象消費者との間に他の訴訟が係属し、かつ、当該他の訴訟が当該共通義務確認訴訟の目的である請求又は防御の方法と関連する請求に係るものであるときは、当該他の訴訟の受訴裁判所は、当事者の意見を聴いて、決定で、その訴訟手続の中止を命ずることができる。

2 前項の受訴裁判所は、同項の決定を取り消すことができる。

〔令四法五九第一項改正・条数繰下（旧六二条）〕

解説　本条は、共通義務確認訴訟とその事業者等と対象消費者との間の他の訴訟とが同時に係属し、他の訴訟が共通義務確認訴訟の目的である請求または防御の方法と関連する請求に係るものである場合に、他の訴訟の受訴裁判所がその訴訟手続の中止を命ずることができるものとする。審理の重複や矛盾する判決の出現を防止するための措置である。

（対象消費者による訴えの提起等があったときの時効の完成猶予）

第六八条　次の表の上欄に掲げる場合において、同表の中欄に掲げる日から六月以内に、同表の下欄に掲げる対象債権について民法第百四十七条第一項各号に掲げる事由があるときは、当該対象債権の時効の完成猶予に関しては、共通義務確認の訴えを提起し、又は民事訴訟法第百四十三条第二項の書面を当該共通義務確認の訴えが係属していた裁判所に提出した時に、当該事由があったものとみなす。

一　共通義務確認の訴えの取下げの効力が生じた場合	当該取下げの効力が生じた日	当該取り下げられた共通義務確認の訴えに係る対象債権
二　共通義務確認の訴えを却下する裁判が確定した場合	当該裁判が確定した日	当該却下された共通義務確認の訴えに係る対象債権
三　第十五条第一項に規定する特定適格消費者団体が第十六条第一項の期間（同条第二項の規定により当該期間が伸長された場合にあっては、当該伸長された期間。次号において同じ。）内に簡易確定手続開始の申立てをしなかった場合	当該期間の満了の日	共通義務確認訴訟において認められた義務に係る対象債権
四　第十五条第二項に規	当該期間の	当該和解におい

定する特定適格消費者団体が第十六条第一項の期間内に簡易確定手続開始の申立てをしなかった場合	満了の日	て認められた義務に係る対象債権（第十五条第二項ただし書に規定する部分を除く。）
五　簡易確定手続開始の申立ての取下げ（届出期間満了後にされたものを除く。）の効力が生じた場合	当該取下げの効力が生じた日	当該取り下げられた申立てに係る対象債権
六　第十三条に規定する簡易確定手続開始の申立てを却下する裁判（第十六条第一項又は第二十四条の規定に違反することを理由とするものを除く。）が確定した場合	当該裁判が確定した日	当該却下された申立てに係る対象債権

（令四法五九本条追加）

解説　本条は、被害回復裁判手続が対象消費者の権利の確定に至らなかった場合に、対象消費者の権利が時効により消滅してしまうことを防止する規定である。共通義務確認の訴えの取下げ、共通義務確認の訴えを却下する裁判の確定、簡易確定手続開始の不開始、簡易確定手続開始の申立ての取下げ、簡易確定手続開始の申立てを却下する裁判の確定などの場合において、その後、所定の期間内に対象消費者が対象債権につき裁判上の請求等をすれば、共通義務確認の訴えの提起等の時に遡って時効の完成猶予の事由があったものとみなされ、これにより消滅時効の完成を免れることができる。

（共通義務確認訴訟の判決が再審により取り消された場合の取扱い）

第六九条　簡易確定手続開始決定の前提となった共通義務確認訴訟の判決が再審により取り消された場合には、簡易確定手続が係属する裁判所は、決定で、債権届出（当該簡易確定手続開始決定の前提となった共通義務確認訴訟の判決が取り消されたことによってその前提を欠くこととなる部分に限る。）を却下しなければならない。

2　前項の決定に対しては、即時抗告をすることができる。

3　第一項の場合には、第五十六条第一項の規定により訴えの提起があったものとみなされる事件が係属する裁判所は、判決で、当該訴え（当該簡易確定手続開始決定の前提となった共通義務確認訴訟の判決が取り消されたことによってその前提を欠くこととなる部分に限る。）を却下しなければならない。

（令四法五九第三項改正・条数繰下（旧六三条））

解説

本条は、共通義務確認訴訟の判決が再審により取り消された場合に、同判決を前提として開始された簡易確定手続における債権届出を裁判所が却下することおよび簡易確定決定に対して適法な異議の申立てがあったことにより提起されたものとみなされた訴え（五六条一項）を裁判所が却下することを定める。共通義務確認訴訟の判決が簡易確定手続における債権届出や訴え提起の擬制の論理的前提であることを考慮した規定である。

（最高裁判所規則）

第七〇条　この章に定めるもののほか、被害回復裁判手続に関し必要な事項は、最高裁判所規則で定める。

（令四法五九条数繰下（旧六四条））

第三章　特定適格消費者団体

第一節　特定適格消費者団体の認定等

（特定適格消費者団体の認定）

第七一条　適格消費者団体は、内閣総理大臣の認定（以下「特定認定」という。）を受けた場合に限り、被害回復関係業務を行うことができる。

2　前項に規定する「被害回復関係業務」とは、次に掲げる業務をいう。

一　被害回復裁判手続に関する業務（第三十四条第一項又は第五十七条第一項の授権に係る債権に係る裁判外の和解を含む。）

二　前号に掲げる業務の遂行に必要な消費者の被害に関する情報の収集に係る業務

三　第一号に掲げる業務に付随する対象消費者等に対する情報の提供及び金銭その他の財産の管理に係る業務

3　特定認定を受けようとする適格消費者団体は、内閣総理大臣に特定認定の申請をしなければならない。

4　内閣総理大臣は、前項の申請をした適格消費者団体が次に掲げる要件の全てに適合しているときに限り、特定認定をすることができる。

一　差止請求関係業務（消費者契約法第十三条第一項に規定する差止請求関係業務をいう。以下同じ。）を相当期間にわたり継続して適正に行っていると認められること。

二　第二項に規定する被害回復関係業務（以下単に「被害回復関係業務」という。）の実施に係る組織、被害回復関係業務の実施の方法、被害回復関係業務に関して知り得た情報の管理及び秘密の保持の方法、被害回復関係業務の実施に関する金銭その他の財産の管理の方法その他の被害回復関係業務を適正に遂行するための体制及び業務規程が適切に整備されていること。
三　その理事に関し、次に掲げる要件に適合するものであること。
イ　被害回復関係業務の執行を決定する機関として理事をもって構成する理事会が置かれており、かつ、定款で定めるその決定の方法が次に掲げる要件に適合していると認められること。
(1)　当該理事会の決議が理事の過半数又はこれを上回る割合以上の多数決により行われるものとされていること。
(2)　共通義務確認の訴えの提起その他の被害回復関係業務の執行に係る重要な事項の決定が理事その他の者に委任されていないこと。
ロ　理事のうち一人以上が弁護士であること。
四　共通義務確認の訴えの提起その他の被害回復裁判手続についての検討を行う部門において消費者契約法第十三条第三項第五号イ及びロに掲げる者（以下「専門委員」と総称する。）が共にその専門的な知識経験に基づいて必要な助言を行い又は意見を述べる体制が整備されていることその他被害回復関係業務を遂行するための人的体制に照らして、被害回復関係業務を適正に遂行することができる専門的な知識経験を有すると認められること。
五　被害回復関係業務を適正に遂行するに足りる経理的基礎を有すること。
六　被害回復関係業務に関して支払を受ける報酬又は費用がある場合には、その額又は算定方法、支払方法その他必要な事項を定めており、これが消費者の利益の擁護の見地から不当なものでないこと。
七　被害回復関係業務以外の業務を行うことによって被害回復関係業務の適正な遂行に支障を及ぼすおそれがないこと。
5　前項第二号の業務規程には、被害回復関係業務の実施の方法、被害回復関係業務に関して知り得た情報の管理及び秘密の保持の方法、被害回復関係業務の実施に関する金銭その他の財産の管理の方法その他の内閣府令で定める事項が定められていなければならない。この場合において、業務規程に定める被害回復関係業務の実施の方法には、簡易確定手続授権契約及び訴訟授権契約の内容並びに請求の放棄、和解又は上訴の取下げをしようとする場合において第三十四条第一項又は第五十七条第一項の授権をした者（第八十二条第一項において単に「授権をした者」という。）の意思を確認するための措置、前項第四号の検討を行う部門における専門委員からの助言又は意見の聴取に関する措置及び役員、職員又は専門委員が被害回復裁判手続の相手方と特別の利害関係を有する場合の措置その他業務の公正な実施の確保に関する措置が含まれていなければならない。
6　次の各号のいずれかに該当する適格消費者団体は、特定認定を受けることができない。

一　この法律、消費者契約法その他消費者の利益の擁護に関する法律で政令で定めるもの若しくはこれらの法律に基づく命令の規定又はこれらの規定に基づく処分に違反して罰金の刑に処せられ、その刑の執行を終わり、又はその刑の執行を受けることがなくなった日から三年を経過しないもの
二　第九十二条第一項各号又は第二項各号に掲げる事由により特定認定を取り消され、その取消しの日から三年を経過しないもの
三　役員のうちに次のイ又はロのいずれかに該当する者のあるもの
イ　この法律、消費者契約法その他消費者の利益の擁護に関する法律で政令で定めるもの若しくはこれらの法律に基づく命令の規定又はこれらの規定に基づく処分に違反して罰金の刑に処せられ、その刑の執行を終わり、又はその刑の執行を受けることがなくなった日から三年を経過しない者
ロ　特定適格消費者団体が第九十二条第一項各号又は第二項各号に掲げる事由により特定認定を取り消された場合において、その取消しの日前六月以内に当該特定適格消費者団体の役員であった者でその取消しの日から三年を経過しないもの

〔令四法五九第二項・五項・六項改正・条数繰下（旧六五条）〕

解説　「被害回復関係業務」の定義に関して、共通義務確認訴訟における和解の柔軟化に伴い、「対象消費者」が「対象消費者等」（二六条一項一〇号参照）に改正された（二項三号）。

（特定認定の申請）

第七二条　前条第三項の申請は、次に掲げる事項を記載した申請書を内閣総理大臣に提出してしなければならない。
一　名称及び住所並びに代表者の氏名
二　被害回復関係業務を行おうとする事務所の所在地
三　前二号に掲げるもののほか、内閣府令で定める事項
2　前項の申請書には、次に掲げる書類を添付しなければならない。
一　定款
二　差止請求関係業務を相当期間にわたり継続して適正に行っていることを証する書類
三　被害回復関係業務に関する業務計画書
四　被害回復関係業務を適正に遂行するための体制が整備されていることを証する書類
五　業務規程
六　役員、職員及び専門委員に関する次に掲げる書類
イ　氏名、役職及び職業を記載した書類
ロ　住所、略歴その他内閣府令で定める事項を記載した

七　書類　最近の事業年度における財産目録、貸借対照表又は次のイ若しくはロに掲げる法人の区分に応じ、当該イ若しくはロに定める書類（第九十九条第二項第七号及び第百十条第一項において「財産目録等」という。）その他の経理的基礎を有することを証する書類

イ　特定非営利活動促進法（平成十年法律第七号）第二条第二項に規定する特定非営利活動法人（第九十八条第一項及び第二項において単に「特定非営利活動法人」という。）　同法第二十七条第三号に規定する活動計算書

ロ　一般社団法人又は一般財団法人　一般社団法人及び一般財団法人に関する法律（平成十八年法律第四十八号）第百二十三条第二項（同法第百九十九条において準用する場合を含む。）に規定する損益計算書（公益社団法人及び公益財団法人の認定等に関する法律（平成十八年法律第四十九号）第五条に規定する公益認定を受けている場合にあっては、内閣府令で定める書類）

八　被害回復関係業務に関して支払を受ける報酬又は費用がある場合には、その額又は算定方法、支払方法その他必要な事項を記載した書類

九　前条第六項各号のいずれにも該当しないことを誓約する書面

十　被害回復関係業務以外に行う業務の種類及び概要を記載した書類

十一　その他内閣府令で定める書類

（令四法五九第二項改正・条数繰下（旧六六条））

解説　内閣総理大臣による特定適格消費者団体の認定を受けるために、申請書に添付しなければならない書類中の「収支計算書」が、それぞれの団体の設立根拠法に基づく名称に改正された（二項七号）。

（特定認定の申請に関する公告及び縦覧）

第七三条　内閣総理大臣は、特定認定の申請があった場合には、遅滞なく、内閣府令で定めるところにより、その旨並びに前条第一項第一号及び第二号に掲げる事項を公告するとともに、同条第二項各号（第六号ロ、第九号及び第十一号を除く。）に掲げる書類を、公告の日から二週間、公衆の縦覧に供しなければならない。

（令四法五九条数繰下（旧六七条））

（特定認定の公示等）

第七四条　内閣総理大臣は、特定認定をしたときは、内閣府令で定めるところにより、当該特定適格消費者団体の名称及び住所、被害回復関係業務を行う事務所の所在地並びに当該特定認定をした日を公示するとともに、当該特定適格消費者団体に対し、その旨を書面により通知するものとす

る。

2 特定適格消費者団体は、内閣府令で定めるところにより、特定適格消費者団体である旨を、被害回復関係業務を行う事務所において見やすいように掲示しなければならない。

3 特定適格消費者団体でない者は、その名称中に特定適格消費者団体であると誤認されるおそれのある文字を用い、又はその業務に関し、特定適格消費者団体であると誤認されるおそれのある表示をしてはならない。

（令四法五九条数繰下（旧六八条））

（特定認定の有効期間等）

第七五条 特定認定の有効期間は、当該特定認定の日における当該特定認定に係る消費者契約法第十三条第一項の認定の有効期間の残存期間と同一の期間とする。

2 特定認定の有効期間の満了後引き続き被害回復関係業務を行おうとする特定適格消費者団体は、その有効期間の更新を受けなければならない。

3 前項の有効期間の更新を受けようとする特定適格消費者団体は、当該有効期間の満了の日の九十日前から六十日前までの間（以下この項において「更新申請期間」という。）に、内閣総理大臣に前項の有効期間の更新の申請をしなければならない。ただし、災害その他やむを得ない事由により更新申請期間にその申請をすることができないときは、この限りでない。

4 第二項の有効期間の更新がされた場合における特定認定の有効期間は、当該更新前の特定認定の有効期間の満了の日の翌日から起算して六年とする。

5 第三項の申請があった場合において、当該有効期間の満了の日までにその申請に対する処分がされないときは、従前の特定認定は、当該有効期間の満了後もその処分がされるまでの間は、なお効力を有する。

6 前項の場合において、第二項の有効期間の更新がされたときは、その特定認定の有効期間は、従前の特定認定の有効期間の満了の日の翌日から起算するものとする。

7 第七十一条（第一項、第二項及び第六項第二号を除く。）、第七十二条、第七十三条及び前条第一項の規定は、第二項の有効期間の更新について準用する。この場合において、第七十一条第四項第一号中「同じ。）」とあるのは「同じ。）、被害回復関係業務又は相当多数の消費者と事業者との間の消費者契約に関する紛争の解決のための業務」と、第七十二条第二項中「ならない」とあるのは「ならない。ただし、既に内閣総理大臣に添付して提出された書類と同一内容のものについては、その添付を省略することができる」と、同項第二号中「差止請求関係業務」とあるのは「差止請求関係業務、被害回復関係業務又は相当多数の消費者と事業者との間の消費者契約に関する紛争の解決のための業務」と読み替えるものとする。

（令四法五九第一項改正・四項追加・旧四項改正繰下（五項）・旧五項繰下（六項）・旧六項改正繰下（七項）・条数繰下（旧六九条））

解説

適格消費者団体の認定の期間が三年から六年に延長された（消費者契約法一七条一項）ことに伴い、適格認定の有効期間とそろえて、特定認定の有効期間も三年から六年に延長するのを基本に、特定認定の当初の有効期間のみ、適格認定の残存期間とされた（一項）。そして、更新後の有効期間が六年とされた（四項）。さらに、特定認定の有効期間の更新の基準として、被害回復関係業務または相当多数の消費者と事業者との間の消費者契約に関する紛争の解決のための業務の実績を含めることとされた（七項）。

（変更の届出）

第七六条　特定適格消費者団体は、第七十二条第一項各号に掲げる事項又は同条第二項各号（第二号及び第十一号を除く。）に掲げる書類に記載した事項に変更があったときは、遅滞なく、内閣府令で定めるところにより、その旨を内閣総理大臣に届け出なければならない。ただし、その変更が内閣府令で定める軽微なものであるときは、この限りでない。

（令四法五九本条改正・条数繰下（旧七〇条））

解説

文言上の整理が行われた。

（合併の届出及び認可等）

第七七条　特定適格消費者団体である法人が他の特定適格消費者団体である法人と合併をしたときは、合併後存続する法人又は合併により設立された法人は、合併により消滅した法人のこの法律の規定による特定適格消費者団体としての地位を承継する。

2 前項の規定により合併により消滅した法人のこの法律の規定による特定適格消費者団体としての地位を承継した法人は、遅滞なく、その旨を内閣総理大臣に届け出なければならない。

3 特定適格消費者団体である法人が特定適格消費者団体でない法人（適格消費者団体である法人に限る。次項において同じ。）と合併（特定適格消費者団体である法人が存続するものを除く。以下この条及び第八十条第一項第二号において同じ。）をした場合には、合併後存続する法人又は合併により設立された法人は、その合併について内閣総理大臣の認可がされたときに限り、合併により消滅した法人のこの法律の規定による特定適格消費者団体としての地位を承継する。

4 前項の認可を受けようとする特定適格消費者団体である法人及び特定適格消費者団体でない法人は、共同して、その合併がその効力を生ずる日の九十日前から六十日前までの間（以下この項において「認可申請期間」という。）に、内閣総理大臣に認可の申請をしなければならない。ただし、災害その他やむを得ない事由により認可申請期間にその申請をすることができないときは、この限りでない。

5 前項の申請があった場合において、その合併がその効力を生ずる日までにその申請に対する処分がされないときは、合併後存続する法人又は合併により設立された法人は、その処分がされるまでの間は、合併により消滅した法人のこの法律の規定による特定適格消費者団体としての地位を承継しているものとみなす。

6 第七十一条（第一項及び第二項を除く。）、第七十二条、第七十三条及び第七十四条第一項の規定は、第三項の認可について準用する。

7 特定適格消費者団体である法人は、特定適格消費者団体でない法人と合併をする場合において、第四項の申請をしないときは、その合併がその効力を生ずる日までに、その旨を内閣総理大臣に届け出なければならない。

8 内閣総理大臣は、第二項又は前項の規定による届出があったときは、内閣府令で定めるところにより、その旨を公示するものとする。

（令四法五九第三項・四項・六項改正・条数繰下（旧七一条））

解説

特定適格消費者団体である法人と特定適格消費者団体でない法人（適格消費者団体に限る）が合併する場合のうち、吸収合併により特定適格消費者団体である法人が存続する場合については、そもそも特定認定の承継が生じないことから、承継についての内閣総理大臣の認可を必要としないことが明記された（三項）。

特定適格消費者団体でない法人による吸収合併の場合、および両法人を消滅させて新たな法人が消滅した法人の権利義務を承継する新設合併の場合について、特定適格消費者団体としての地位の承継のための認可の審査をより適切に行うことを可能とするために、合併により消滅する特定適格消費者団体である法人による単独申請ではなく、合併の当事者である両法人の共同申請が必要とされることとなった（四項）。

（事業の譲渡の届出及び認可等）

第七八条　特定適格消費者団体である法人が他の特定適格消費者団体である法人に対し被害回復関係業務に係る事業の全部の譲渡をしたときは、その譲渡を受けた法人は、その譲渡をした法人のこの法律の規定による特定適格消費者団体としての地位を承継する。

2 前項の規定によりその譲渡をした法人のこの法律の規定による特定適格消費者団体としての地位を承継した法人は、遅滞なく、その旨を内閣総理大臣に届け出なければならない。

3 特定適格消費者団体である法人が特定適格消費者団体でない法人（適格消費者団体である法人に限る。次項において同じ。）に対し被害回復関係業務に係る事業の全部の譲渡をした場合には、その譲渡を受けた法人は、その譲渡について内閣総理大臣の認可がされたときに限り、その譲渡をした法人のこの法律の規定による特定適格消費者団体としての地位を承継する。

4 前項の認可を受けようとする特定適格消費者団体である法人及び特定適格消費者団体でない法人は、共同して、その譲渡の日の九十日前から六十日前までの間（以下この項において「認可申請期間」という。）に、内閣総理大臣に認可の申請をしなければならない。ただし、災害その他やむを得ない事由により認可申請期間にその申請をすることができないときは、この限りでない。

5 前項の申請があった場合において、その譲渡の日までにその申請に対する処分がされないときは、その譲渡を受けた法人は、その処分がされるまでの間は、その譲渡をした法人のこの法律の規定による特定適格消費者団体としての地位を承継しているものとみなす。

6 第七十一条（第一項及び第二項を除く。）、第七十二条、第七十三条及び第七十四条第一項の規定は、第三項の認可について準用する。

7 特定適格消費者団体である法人は、特定適格消費者団体でない法人に対し被害回復関係業務に係る事業の全部の譲渡をする場合において、第四項の申請をしないときは、その譲渡の日までに、その旨を内閣総理大臣に届け出なければならない。

8 内閣総理大臣は、第二項又は前項の規定による届出があったときは、内閣府令で定めるところにより、その旨を公示するものとする。

（令四法五九第三項・四項・六項改正・条数繰下（旧七二条））

解説

特定適格消費者団体である法人が適格消費者団体でない法人（適格消費者団体である法人に限る）に被害回復関係業務に係る事業を全部譲渡する場合について、特定適格消費者団体としての地位の承継のための認可の申請にあたって、特定適格消費者団体である法人による単独申請ではなく、事業譲渡の両当事者の共同申請が必要とされることとなった（四項）。その趣旨は、七七条四項の改正と同じである。

（業務廃止の届出）

第七九条　特定適格消費者団体が被害回復関係業務を廃止したときは、法人の代表者は、遅滞なく、その旨を内閣総理大臣に届け出なければならない。

2 内閣総理大臣は、前項の規定による届出があったときは、内閣府令で定めるところにより、その旨を公示するものとする。

（令四法五九条数繰下（旧七三条））

（特定認定の失効）

第八〇条　特定適格消費者団体について、次の各号のいずれかに掲げる事由が生じたときは、特定認定は、その効力を失う。

一　特定認定の有効期間が経過したとき（第七十五条第五項に規定する場合にあっては、更新拒否処分がされたとき）。

二　特定適格消費者団体である法人が特定適格消費者団体でない法人と合併をした場合において、その合併が第七十七条第三項の認可を経ずにその効力を生じたとき（同条第五項に規定する場合にあっては、その合併の不認可処分がされたとき）。

三　特定適格消費者団体である法人が特定適格消費者団体でない法人に対し被害回復関係業務に係る事業の全部の譲渡をした場合において、その譲渡が第七十八条第三項の認可を経ずにされたとき（同条第五項に規定する場合にあっては、その譲渡の不認可処分がされたとき）。

四　特定適格消費者団体が被害回復関係業務を廃止したとき。

五　消費者契約法第十三条第一項の認定が失効し、又は取り消されたとき。

2　内閣総理大臣は、前項各号に掲げる事由が生じたことを知った場合において、特定適格消費者団体であった法人を当事者とする被害回復裁判手続が現に係属しているときは、その被害回復裁判手続が係属している裁判所に対し、その特定認定が失効した旨を書面により通知しなければならない。

（令四法五九第一項改正・条数繰下（旧七四条））

解説　引用条番号ずれの処理が行われた。

第二節　被害回復関係業務等

（特定適格消費者団体等の責務）

第八一条　特定適格消費者団体は、対象消費者等の利益のために、被害回復関係業務を適切に実施しなければならない。

2　特定適格消費者団体は、不当な目的でみだりに共通義務確認の訴えの提起その他の被害回復関係業務を実施してはならない。

3　特定適格消費者団体は、被害回復関係業務について他の特定適格消費者団体と相互に連携を図りながら協力するように努めなければならない。

4　特定適格消費者団体、適格消費者団体その他の関係者は、特定適格消費者団体が行う被害回復関係業務が円滑かつ効果的に実施されるよう、相互に連携を図りながら協力するように努めなければならない。

5　特定適格消費者団体、独立行政法人国民生活センターその他の関係者は、独立行政法人国民生活センターが行う独立行政法人国民生活センター法（平成十四年法律第百二十三号）第十条第八号に掲げる業務が円滑かつ効果的に実施されるよう、相互に連携を図りながら協力するように努めなければならない。

（令四法五九第一項改正・四項追加・旧四項繰下（五項）・条数繰下（旧七五条）、令四法九九第五項改正）

解説　適格消費者団体、特定適格消費者団体その他の関係者は、相互に連携協力する努力義務が定められた（四項）。適格消費者団体は差止関係業務に関して知り得た秘密を正当な理由なしに漏らしてはならないという守秘義務が課されているが（消費者契約法二五条）、本項によって、適格消費者団体が特定適格消費者団体に情報提供することが「正当な理由」に含めて解釈しやすくなる。連携協力する努力義務を課されるその他の関係者としては、消費者団体訴訟等支援法人（九八条以下）が想定されている。

（報酬）

第八二条　特定適格消費者団体は、授権をした者との簡易確定手続授権契約又は訴訟授権契約で定めるところにより、被害回復関係業務を行うことに関し、報酬を受けることができる。

2　共通義務確認訴訟において和解を行った特定適格消費者団体は、当該和解に係る消費者との間で締結する契約（簡易確定手続授権契約及び訴訟授権契約を除く。）で定めるところにより、被害回復関係業務を行うことに関し、報酬を受けることができる。

（令四法五九第二項追加・条数繰下（旧七六条））

解説　共通義務確認訴訟において和解を行った特定適格消費者団体が、簡易確定手続を利用することなしに行う被害回復関係業務について、消費者から報酬を受けることができることとなった（二項）。

（弁護士に追行させる義務）

第八三条　特定適格消費者団体は、被害回復関係業務を行う場合において、民事訴訟に関する手続（簡易確定手続を含む。）、仮差押命令に関する手続及び執行抗告（仮差押えの執行の手続に関する裁判に対する執行抗告を含む。）に係る手続については、弁護士に追行させなければならない。

（令四法五九条数繰下（旧七七条））

（他の特定適格消費者団体への通知等）

第八四条　特定適格消費者団体は、次に掲げる場合には、内閣府令で定めるところにより、遅滞なく、その旨を他の特定適格消費者団体に通知するとともに、その旨、その内容その他内閣府令で定める事項を内閣総理大臣に報告しなければならない。この場合において、当該特定適格消費者団体が、当該通知及び報告に代えて、全ての特定適格消費者団体及び内閣総理大臣が電磁的方法を利用して同一の情報を閲覧することができる状態に置く措置であって内閣府令で定めるものを講じたときは、当該通知及び報告をしたものとみなす。

一　共通義務確認の訴えの提起又は第六十一条第一項の申立てをしたとき。

二　共通義務確認訴訟の判決の言渡し又は第六十一条第一項の申立てについての決定の告知があったとき。

三　前号の判決に対する上訴の提起又は同号の決定に対する不服の申立てがあったとき。

四　第二号の判決又は同号の決定が確定したとき。

五　共通義務確認訴訟における和解が成立したとき。

六　前二号に掲げる場合のほか、共通義務確認訴訟又は仮差押命令に関する手続が終了したとき。

七　共通義務確認訴訟に関し、請求の放棄、和解、上訴の取下げその他の内閣府令で定める手続に係る行為であって、それにより確定判決及びこれと同一の効力を有するものが存することとなるものをしようとするとき。

八　第十六条第三項の規定による通知を受けたとき。

九　簡易確定手続開始の申立て又はその取下げをしたとき。

十　簡易確定手続開始決定があったとき。

十一　第二十六条第一項、第二項前段又は第三項の規定による公告をしたとき。

十二　第二十七条第一項の規定による通知をしたとき。

十三　その他被害回復関係業務に関し内閣府令で定める手続に係る行為がされたとき。

2　内閣総理大臣は、前項の規定による報告を受けたときは、全ての特定適格消費者団体及び内閣総理大臣が電磁的方法を利用して同一の情報を閲覧することができる状態に置く措置その他の内閣府令で定める方法により、他の特定適格消費者団体に当該報告の日時及び概要その他内閣府令で定める事項を伝達するものとする。

〔令四法五九第一項改正・条数繰下（旧七八条）〕

解説　他の特定適格消費者団体に通知するとともに、内閣総理大臣に報告しなければならない事項として、簡易確定手続開始の申立期間を伸張する決定の通知（一六条三項）を裁判所から受けたことが追加された（一項八号）。さらに、「その旨及びその内容」に加えて、「その他内閣府令で定める事項」を内閣総理大臣に報告しなければならないとされた（一項柱書）。

（個人情報の取扱い）

第八五条　特定適格消費者団体は、被害回復関係業務に関し、消費者の個人情報（個人に関する情報であって、特定の個人を識別することができるもの（他の情報と照合することにより特定の個人を識別することができることとなるものを含む。）をいう。第三項において同じ。）を保管し、又は利用するに当たっては、その業務の目的の達成に必要な範囲内でこれを保管し、及び利用しなければならない。ただし、当該消費者の同意がある場合その他正当な事由がある場合は、この限りでない。

2 特定適格消費者団体は、被害回復関係業務に関し、消費者から収集した消費者の被害に関する情報を被害回復裁判手続に係る相手方その他の第三者が当該被害に係る消費者を識別することができる方法で利用するに当たっては、あらかじめ、当該消費者の同意を得なければならない。

3 特定適格消費者団体は、被害回復関係業務において消費者の個人情報を適正に管理するために必要な措置を講じなければならない。

（令四法五九条数繰下（旧七九条））

（秘密保持義務）

第八六条　特定適格消費者団体の役員、職員若しくは専門委員又はこれらの職にあった者は、正当な理由がなく、被害回復関係業務に関して知り得た秘密を漏らしてはならない。

（令四法五九条数繰下（旧八〇条））

（氏名等の明示）

第八七条　特定適格消費者団体の被害回復関係業務に従事する者は、その被害回復関係業務を行うに当たり、被害回復裁判手続に係る相手方の請求があったときは、当該特定適格消費者団体の名称、自己の氏名及び特定適格消費者団体における役職又は地位その他内閣府令で定める事項を、その相手方に明らかにしなければならない。

（令四法五九条数繰下（旧八一条））

（情報の提供）

第八八条　特定適格消費者団体は、消費者の財産的被害等の回復に資するため、対象消費者等に対し、共通義務確認の訴えを提起したこと、共通義務確認訴訟の確定判決の内容その他必要な情報を提供するよう努めなければならない。

（令四法五九本条改正・条数繰下（旧八二条））

解説　被害回復裁判手続の対象損害を拡大したことに伴い、「財産的被害」を「財産的被害等」に、共通義務確認訴訟における和解の柔軟化に伴い、「対象消費者」を「対象消費者等」にするなどの文言上の整理が行われた。

（財産上の利益の受領の禁止等）

第八九条　特定適格消費者団体は、次に掲げる場合を除き、その被害回復裁判手続に係る相手方から、その被害回復裁判手続の追行に関し、寄附金、賛助金その他名目のいかんを問わず、金銭その他の財産上の利益を受けてはならない。

一　届出債権の認否、簡易確定決定、異議後の訴訟における判決若しくは請求の認諾又は和解に基づく義務の履行として金銭その他の財産上の利益を受けるとき。

二　被害回復裁判手続における判決（確定判決と同一の効力を有するもの、仮執行の宣言を付した届出債権支払命令及び第六十一条第一項の申立てについての決定を含む。次号において同じ。）又は第五十一条第三項若しくは第五十二条第一項若しくは民事訴訟法第七十三条第一項の決定により訴訟費用（簡易確定手続の費用、和解の費用及び調停手続の費用を含む。）を負担することとされた相手方から当該訴訟費用に相当する額の償還として財産上の利益を受けるとき。

三　被害回復裁判手続における判決に基づく民事執行の執行費用に相当する額の償還として財産上の利益を受けるとき。

2特定適格消費者団体は、対象消費者等又は第九十八条第二項に規定する消費者団体訴訟等支援法人に前項第一号に規定する義務の履行として金銭その他の財産上の利益を受けさせる場合を除き、その被害回復裁判手続に係る相手方から、その被害回復裁判手続の追行に関し、寄附金、賛助金その他名目のいかんを問わず、金銭その他の財産上の利益を第三者に受けさせてはならない。

3特定適格消費者団体の役員、職員又は専門委員は、特定適格消費者団体の被害回復裁判手続に係る相手方から、その被害回復裁判手続の追行に関し、寄附金、賛助金その他名目のいかんを問わず、金銭その他の財産上の利益を受け、又は第三者に受けさせてはならない。

4前三項に規定する被害回復裁判手続に係る相手方からその被害回復裁判手続の追行に関して受け又は受けさせてはならない財産上の利益には、その相手方がその被害回復裁判手続の追行に関してした不法行為によって生じた損害の賠償として受け又は受けさせる財産上の利益は含まれない。

〔令四法五九第一項改正・二項追加・旧二項改正繰下（三項）・旧三項削除・条数繰下（旧八三条）〕

解説

特定適格消費者団体が被害回復裁判手続の相手方から財産上の利益を受けることは原則として禁止されているところ、その例外として、「和解に基づく金銭の支払」に加えて、金銭以外の財産上の利益（たとえば、有価証券など）を受けることも可能となった（一項一号）。

また、特定適格消費者団体が被害回復裁判手続の相手方から第三者に財産上の利益を受けさせることも原則として禁止されているが、和解に基づき消費者に金銭その他の財産上の利益を受けさせることが禁止されるものではないことが明記された（二項）。さらに、消費者団体訴訟等支援法人に寄付を行う旨の和解をすることも妨げられない（二項）。

（区分経理）

第九〇条　特定適格消費者団体は、被害回復関係業務に係る経理を他の業務に係る経理と区分して整理しなければならない。

〔令四法五九条数繰下（旧八四条）〕

第三節　監督

（適合命令及び改善命令）

第九一条　内閣総理大臣は、特定適格消費者団体が、第七十一条第四項第二号から第七号までに掲げる要件のいずれかに適合しなくなったと認めるときは、当該特定適格消費者団体に対し、これらの要件に適合するために必要な措置をとるべきことを命ずることができる。

2　内閣総理大臣は、前項に定めるもののほか、特定適格消費者団体が第七十一条第六項第三号に該当するに至ったと認めるとき、特定適格消費者団体又はその役員、職員若しくは専門委員が被害回復関係業務の遂行に関しこの法律の規定に違反したと認めるとき、その他特定適格消費者団体の業務の適正な運営を確保するため必要があると認めるときは、当該特定適格消費者団体に対し、人的体制の改善、違反の停止、業務規程の変更その他の業務の運営の改善に必要な措置をとるべきことを命ずることができる。

〔令四法五九第一項・二項改正・条数繰下（旧八五条）〕

解説

引用条番号ずれの処理が行われた。

（特定認定の取消し等）

第九二条　内閣総理大臣は、特定適格消費者団体について、次の各号のいずれかに掲げる事由があるときは、特定認定を取り消すことができる。

一　偽りその他不正の手段により特定認定、第七十五条第二項の有効期間の更新又は第七十七条第三項若しくは第七十八条第三項の認可を受けたとき。

二　第七十一条第四項各号に掲げる要件のいずれかに適合しなくなったとき。

三　第七十一条第六項第一号又は第三号に該当するに至ったとき。

四　前三号に掲げるもののほか、この法律若しくはこの法律に基づく命令の規定又はこれらの規定に基づく処分に違反したとき（次項第二号に該当する場合を除く。）。

2内閣総理大臣は、前項の規定による取消しのほか、特定適格消費者団体について、次の各号のいずれかに掲げる事由があるときは、特定認定又は消費者契約法第十三条第一項の認定を取り消すことができる。

一　被害回復裁判手続において、特定適格消費者団体がその相手方と通謀して請求の放棄又は対象消費者等の利益を害する内容の和解をしたときその他対象消費者等の利益に著しく反する訴訟その他の手続の追行を行ったと認められるとき。

二　第八十九条第一項又は第二項の規定に違反したとき。

三　当該特定適格消費者団体の役員、職員又は専門委員が第八十九条第三項の規定に違反したとき。

3特定適格消費者団体が、第八十四条第一項の規定に違反して同項の通知又は報告をしないで、共通義務確認の訴えに関し、同項第七号に規定する行為をしたときは、内閣総理大臣は、当該特定適格消費者団体について前項第一号に掲げる事由があるものとみなすことができる。

4内閣総理大臣は、第一項又は第二項の規定による取消しをしたときは、内閣府令で定めるところにより、その旨及びその取消しをした日を公示するとともに、特定適格消費者団体であった法人に対し、その旨を書面により通知するものとする。この場合において、当該特定適格消費者団体であった法人を当事者とする被害回復裁判手続が現に係属しているときは、その被害回復裁判手続が係属している裁判所に対しても、その取消しをした旨を書面により通知しなければならない。

（令四法五九第一項～三項改正・条数繰下（旧八六条））

解説　「対象消費者」が「対象消費者等」に改正された（二項一号）ほか、引用条番号ずれの処理が行われた。

（手続を受け継ぐべき特定適格消費者団体の指定等）

第九三条　被害回復裁判手続（第二条第九号ロに規定する民事執行の手続を除く。）の当事者である特定適格消費者団体に係る特定認定が、第八十条第一項各号に掲げる事由により失効し、若しくは前条第一項各号若しくは第二項各号に掲げる事由により取り消されるとき、又はこれらの事由により既に失効し、若しくは既に取り消されているときは、内閣総理大臣は、当該被害回復裁判手続を受け継ぐべき特定適格消費者団体として他の特定適格消費者団体を指定するものとする。ただし、共通義務確認訴訟又は簡易確定手続（特定適格消費者団体であった法人が債権届出をした場合を除く。）において、他に当事者である特定適格消費者団体があるときは、この限りでない。

2第十三条に規定する特定適格消費者団体に係る特定認定が、第八十条第一項各号に掲げる事由により失効し、若しくは前条第一項各号若しくは第二項各号に掲げる事由により取り消されるとき、又はこれらの事由により既に失効し、若しくは既に取り消されているときは、内閣総理大臣は、第十三条に規定する特定適格消費者団体として他の特定適格消費者団体を指定するものとする。ただし、同条に規定する特定適格消費者団体が他にあるときは、この限りでない。

3 対象債権等に係る債務名義を取得した特定適格消費者団体又はその民事執行法第二十三条第一項第三号に規定する承継人である特定適格消費者団体に係る特定認定が、第八十条第一項各号に掲げる事由により失効し、若しくは前条第一項各号若しくは第二項各号に掲げる事由により取り消されるとき、又はこれらの事由により既に失効し、若しくは既に取り消されているときは、内閣総理大臣は、同法第二十三条第一項第三号に規定する承継人となるべき特定適格消費者団体として他の特定適格消費者団体を指定するものとする。

4 内閣総理大臣は、前三項の規定による指定を受けた特定適格消費者団体（以下この項及び次項において「指定特定適格消費者団体」という。）について、特定認定が、第八十条第一項各号に掲げる事由により失効し、若しくは既に失効し、又は前条第一項各号若しくは第二項各号に掲げる事由により取り消されるときは、指定特定適格消費者団体に係る指定を取り消さなければならない。

5 第一項から第三項までの規定による指定は、指定特定適格消費者団体が受け継ぐことになった手続をその指定前に追行していた者に次の各号のいずれかに掲げる事由が生じたことを理由として取り消すことができない。

一 特定認定の取消処分、特定認定の有効期間の更新拒否処分若しくは第七十七条第三項の合併若しくは第七十八条第三項の事業の全部の譲渡の不認可処分（以下この号において「特定認定取消処分等」という。）が取り消され、又は特定認定取消処分等の取消し若しくはその無効若しくは不存在の確認の判決が確定したとき。

二 消費者契約法第十三条第一項の認定の取消処分、同項の認定の有効期間の更新拒否処分若しくは同法第十九条第三項の合併若しくは同法第二十条第三項の事業の全部の譲渡の不認可処分（以下この号において「認定取消処分等」という。）が取り消され、又は認定取消処分等の取消し若しくはその無効若しくは不存在の確認の判決が確定したとき。

6 内閣総理大臣は、第一項から第三項までの規定による指定をしたときは、内閣府令で定めるところにより、その旨及びその指定をした日を公示するとともに、その指定を受けた特定適格消費者団体に対し、その旨を書面により通知するものとする。第四項の規定により当該指定を取り消したときも、同様とする。

7 前項前段の場合において、特定適格消費者団体であった法人を当事者とする被害回復裁判手続が現に係属しているときは、内閣総理大臣は、その被害回復裁判手続が係属している裁判所に対しても、その指定をした旨を書面により通知しなければならない。

8次の各号に掲げる場合には、当該各号の指定を受けた特定適格消費者団体は、遅滞なく、知れている届出消費者に、各別にその旨を通知しなければならない。

一　第一項の規定による指定がされた場合（特定適格消費者団体であった法人が簡易確定手続（当該特定適格消費者団体であった法人が債権届出をした場合に限る。）又は異議後の訴訟の手続の当事者であったときに限る。）

二　第三項の規定による指定がされた場合

9第一項から第三項までの規定による指定がされたときは、特定適格消費者団体であった法人は、遅滞なく、その指定を受けた特定適格消費者団体に対し、その指定の対象となった事件について、対象消費者等のために保管する物及び被害回復関係業務に関する書類を移管し、その他被害回復関係業務をその指定を受けた特定適格消費者団体に引き継ぐために必要な一切の行為をしなければならない。

（令四法五九第一項～五項・九項改正・条数繰下（旧八七条））

解説　簡易確定手続開始の申立義務の一部免除・裁量化（一五条）に伴い、簡易確定手続申立義務がかかる特定適格消費者団体についてのみならず、簡易確定手続開始の申立権限を有するが、申立義務のかからない特定適格消費者団体についても、特定認定が失効または取り消された場合に、内閣総理大臣は、当該特定適格消費者団体の地位を受け継ぐべき特定適格消費者団体を指定するものとされた（二項）。

第四節　補則

（消費者契約法の特例）

第九四条　特定適格消費者団体である適格消費者団体に対する消費者契約法の規定の適用については、次の表の上欄に掲げる同法の規定中同表の中欄に掲げる字句は、それぞれ同表の下欄に掲げる字句とする。

第二十九条第一項	その行う差止請求関係業務	その行う差止請求関係業務及び消費者裁判手続特例法第七十一条第二項に規定する被害回復関係業務（以下単に「被害回復関係業務」という。）
	、差止請求関係業務	、差止請求関係業務及び被害回復関係業務

第三十一条第二項第七号	差止請求関係業務	差止請求及び被害回復関係業務
第三十二条第一項	この法律	この法律又は消費者裁判手続特例法

（令四法五九表中改正・条数繰下（旧八八条））

解説　適格消費者団体について、毎事業年度に学識経験者から業務の遂行状況の調査を受けなければならない義務（消費者契約法三一条旧二項）が廃止されたことに伴い、所要の改正が行われたほか、引用条番号ずれの処理が行われた。

（令四法五九旧八九条削除）

（判決等に関する情報の公表）

第九五条　内閣総理大臣は、消費者の財産的被害等の防止及び救済に資するため、特定適格消費者団体から第八十四条第一項（第一号及び第七号に係る部分を除く。）の規定による報告を受けたときは、インターネットの利用その他適切な方法により、速やかに、共通義務確認訴訟の確定判決（確定判決と同一の効力を有するものを含む。）の概要、簡易確定手続開始決定の概要、第二十六条第一項、第二項前段及び第三項の規定による公告の概要、第二十七条第一項の規定による通知の概要、当該特定適格消費者団体の名称及び当該共通義務確認訴訟の相手方の氏名又は名称その他内閣府令で定める事項を公表するものとする。

2　前項に規定する事項のほか、内閣総理大臣は、被害回復関係業務に関する情報を広く国民に提供するため、インターネットの利用その他適切な方法により、特定適格消費者団体の名称及び住所並びに被害回復関係業務を行う事務所の所在地その他内閣府令で定める必要な情報を公表することができる。

3　内閣総理大臣は、独立行政法人国民生活センターに、前二項に規定する情報の公表に関する業務を行わせることができる。

（令四法五九第一項改正・条数繰下（旧九〇条））

解説　「財産的被害」の「財産的被害等」への改正のほか、内閣総理大臣が公表する事項として、簡易確定手続開始決定の概要、簡易確定手続申立団体による公告・通知の概要が追加された（一項）。

（特定適格消費者団体への協力等）

第九六条　内閣総理大臣は、内閣府令で定めるところにより、特定適格消費者団体の求めに応じ、当該特定適格消費者団体が被害回復裁判手続を適切に追行するために必要な限度において、当該特定適格消費者団体に対し、特定商取引に関する法律（昭和五十一年法律第五十七号）又は預託等取引に関する法律（昭和六十一年法律第六十二号）に基づく処分に関して作成した書類で内閣府令で定めるものを提供することができる。

2　前項の規定により書類の提供を受けた特定適格消費者団体は、当該書類を当該被害回復裁判手続の用に供する目的以外の目的のために利用し、又は提供してはならない。

〔令四法五九条数繰下〔旧九一条〕〕

第九七条　独立行政法人国民生活センター及び地方公共団体は、内閣府令で定めるところにより、特定適格消費者団体の求めに応じ、当該特定適格消費者団体が被害回復関係業務を適切に遂行するために必要な限度において、当該特定適格消費者団体に対し、消費生活に関する消費者と事業者との間に生じた苦情に係る相談に関する情報で内閣府令で定めるものを提供することができる。

2　前項の規定により情報の提供を受けた特定適格消費者団体は、当該情報を当該被害回復関係業務の用に供する目的以外の目的のために利用し、又は提供してはならない。

〔令四法五九条数繰下〔旧九二条〕〕

〔令四法五九旧九三条削除〕

第四章　消費者団体訴訟等支援法人〔令四法五九本章追加〕

解説　特定適格消費者団体の委託を受けて、対象消費者等に対する情報の提供、金銭の管理その他の特定適格消費者団体が行う被害回復関係業務に付随する事務を行うこと等を業務の内容とする消費者団体訴訟等支援法人の認可制度が新設された（詳しくは、九二頁参照）。

第一節　消費者団体訴訟等支援法人の認定等

（消費者団体訴訟等支援法人の認定）

第九八条　内閣総理大臣は、特定非営利活動法人又は一般社団法人若しくは一般財団法人であって、次に掲げる要件に該当すると認められるもの（適格消費者団体である法人を除く。）を、その申請により、次項に規定する業務（以下この章及び第百十七条第二項第二号において「支援業務」という。）を行う者として認定することができる。

一　適格消費者団体又は特定適格消費者団体を支援する活動を行うことを主たる目的とし、現にその活動を相当期間にわたり継続して適正に行っていると認められること。

二　消費者の財産的被害等の防止及び救済に資するための啓発活動及び広報活動の実績が相当程度あること。
三　支援業務の実施に係る組織、支援業務の実施の方法、支援業務に関して知り得た情報の管理及び秘密の保持の方法、支援業務の実施に関する金銭その他の財産の管理の方法その他の支援業務を適正に遂行するための体制及び業務規程が適切に整備されていること。
四　支援業務を適正に遂行するに足りる経理的基礎を有すること。
五　支援業務以外の業務を行うことによって支援業務の適正な遂行に支障を及ぼすおそれがないこと。

2 前項の規定による認定（以下この章及び第百十七条第一項において「支援認定」という。）を受けた特定非営利活動法人又は一般社団法人若しくは一般財団法人（以下「消費者団体訴訟等支援法人」という。）は、次に掲げる業務を行うものとする。
一　特定適格消費者団体の委託を受けて、対象消費者等に対する情報の提供、金銭の管理その他の特定適格消費者団体が行う被害回復関係業務に付随する事務であって内閣府令で定めるものを行うこと。
二　特定適格消費者団体とその被害回復裁判手続に係る相手方との合意により定めるところにより、相手方通知その他の当該相手方が行うべき被害回復裁判手続における事務であって内閣府令で定めるものを行うこと。
三　被害回復関係業務が円滑かつ効果的に実施されるよう、内閣府令で定めるところにより、特定適格消費者団体に対する助言、被害回復関係業務に関する情報の公表その他の内閣府令で定める事務を行うこと。
四　前三号に掲げるもののほか、内閣総理大臣の委託を受けて、次に掲げる業務を行うこと。
イ　第九十五条第一項及び第二項の規定による公表
ロ　この法律の実施のために必要な情報の収集その他の内閣府令で定める事務

3 第一項第三号の業務規程には、支援業務の実施の方法、支援業務に関して知り得た情報の管理及び秘密の保持の方法、支援業務の実施に関する金銭その他の財産の管理の方法その他の内閣府令で定める事項が定められていなければならない。

4 次の各号のいずれかに該当する者は、支援認定を受けることができない。
一　この法律、消費者契約法その他消費者の利益の擁護に関する法律で政令で定めるもの若しくはこれらの法律に基づく命令の規定又はこれらの規定に基づく処分に違反して罰金の刑に処せられ、その刑の執行を終わり、又はその刑の執行を受けることがなくなった日から三年を経過しない法人
二　第百十三条第一項各号に掲げる事由により支援認定を取り消され、その取消しの日から三年を経過しない法人

三　暴力団員による不当な行為の防止等に関する法律（平成三年法律第七十七号）第二条第六号に規定する暴力団員又は同号に規定する暴力団員でなくなった日から五年を経過しない者（次号及び第六号ハにおいて「暴力団員等」という。）がその事業活動を支配する法人

四　暴力団員等をその事業活動に従事させ、又はその事業活動の補助者として使用するおそれのある法人

五　政治団体（政治資金規正法（昭和二十三年法律第百九十四号）第三条第一項に規定する政治団体をいう。）

六　役員のうちに次のイからハまでのいずれかに該当する者のある法人

イ　拘禁刑以上の刑に処せられ、又はこの法律、消費者契約法その他消費者の利益の擁護に関する法律で政令で定めるもの若しくはこれらの法律に基づく命令の規定若しくはこれらの規定に基づく処分に違反して罰金の刑に処せられ、その刑の執行を終わり、又はその刑の執行を受けることがなくなった日から三年を経過しない者

ロ　消費者団体訴訟等支援法人が第百十三条第一項各号に掲げる事由により支援認定を取り消された場合において、その取消しの日前六月以内に当該消費者団体訴訟等支援法人の役員であった者でその取消しの日から三年を経過しないもの

ハ　暴力団員等〔本条改正の施行は、令四法六八施行日〕

第九八条〔改正施行日前まで、四項六号イ中「拘禁刑」は「禁錮」〕

〔令四法五九本条追加〕

（支援認定の申請）

第九九条　前条第一項の申請は、次に掲げる事項を記載した申請書を内閣総理大臣に提出してしなければならない。

一　名称及び住所並びに代表者の氏名

二　支援業務を行おうとする事務所の所在地

三　前二号に掲げるもののほか、内閣府令で定める事項

2　前項の申請書には、次に掲げる書類を添付しなければならない。

一　定款

二　適格消費者団体又は特定適格消費者団体を支援する活動を相当期間にわたり継続して適正に行っていることを証する書類

三　消費者の財産的被害等の防止及び救済に資するための啓発活動及び広報活動に係る事業の実績が相当程度あることを証する書類

四　支援業務を適正に遂行するための体制が整備されていることを証する書類

五　業務規程

六　役職員名簿（役員及び職員の氏名、その役職その他内閣府令で定める事項を記載した名簿をいう。第百十条第二項第三

号において同じ。）

七　最近の事業年度における財産目録等その他の経理的基礎を有することを証する書類

八　前条第四項各号のいずれにも該当しないことを誓約する書面

九　支援業務以外の業務を行う場合には、その業務の種類及び概要を記載した書類

十　その他内閣府令で定める書類

（令四法五九本条追加）

（支援認定の申請に関する公告及び縦覧等）

第一〇〇条　内閣総理大臣は、支援認定の申請があった場合には、遅滞なく、内閣府令で定めるところにより、その旨並びに前条第一項第一号及び第二号に掲げる事項を公告するとともに、同条第二項各号（第八号及び第十号を除く。）に掲げる書類を、公告の日から二週間、公衆の縦覧に供しなければならない。

2　内閣総理大臣は、支援認定の申請をした者について第九十八条第四項第三号、第四号又は第六号ハに該当する疑いがあると認めるときは、警察庁長官の意見を聴くものとする。

（令四法五九本条追加）

（支援認定の公示等）

第一〇一条　内閣総理大臣は、支援認定をしたときは、内閣府令で定めるところにより、当該消費者団体訴訟等支援法人の名称及び住所、支援業務を行う事務所の所在地並びに当該支援認定をした日を公示するとともに、当該消費者団体訴訟等支援法人に対し、その旨を書面により通知するものとする。

2　消費者団体訴訟等支援法人は、内閣府令で定めるところにより、消費者団体訴訟等支援法人である旨を、支援業務を行う事務所において見やすいように掲示しなければならない。

3　消費者団体訴訟等支援法人でない者は、その名称中に消費者団体訴訟等支援法人であると誤認されるおそれのある文字を用い、又はその業務に関し、消費者団体訴訟等支援法人であると誤認されるおそれのある表示をしてはならない。

（令四法五九本条追加）

（変更の届出）

第一〇二条　消費者団体訴訟等支援法人は、第九十九条第一項各号に掲げる事項又は同条第二項各号（第二号、第三号及び第十号を除く。）に掲げる書類に記載した事項に変更があったときは、遅滞なく、内閣府令で定めるところにより、その旨を内閣総理大臣に届け出なければならない。ただし、その変更が内閣府令で定める軽微なものであるときは、この限りでない。

（令四法五九本条追加）

（合併の届出及び認可等）

第一〇三条　消費者団体訴訟等支援法人である法人が他の消費者団体訴訟等支援法人である法人と合併をしたときは、合併後存続する法人又は合併により設立された法人は、合併により消滅した法人のこの法律の規定による消費者団体訴訟等支援法人としての地位を承継する。

2　前項の規定により合併により消滅した法人のこの法律の規定による消費者団体訴訟等支援法人としての地位を承継した法人は、遅滞なく、その旨を内閣総理大臣に届け出なければならない。

3　消費者団体訴訟等支援法人である法人が消費者団体訴訟等支援法人でない法人と合併（消費者団体訴訟等支援法人である法人が存続するものを除く。以下この条及び第百六条第一号において同じ。）をした場合には、合併後存続する法人又は合併により設立された法人は、その合併について内閣総理大臣の認可がされたときに限り、合併により消滅した法人のこの法律の規定による消費者団体訴訟等支援法人としての地位を承継する。

4　前項の認可を受けようとする消費者団体訴訟等支援法人である法人及び消費者団体訴訟等支援法人でない法人は、共同して、その合併がその効力を生ずる日の九十日前から六十日前までの間（以下この項において「認可申請期間」という。）に、内閣総理大臣に認可の申請をしなければならない。ただし、災害その他やむを得ない事由により認可申請期間にその申請をすることができないときは、この限りでない。

5　前項の申請があった場合において、その合併がその効力を生ずる日までにその申請に対する処分がされないときは、合併後存続する法人又は合併により設立された法人は、その処分がされるまでの間は、合併により消滅した法人のこの法律の規定による消費者団体訴訟等支援法人としての地位を承継しているものとみなす。

6　第九十八条（第二項を除く。）、第九十九条、第百条及び第百一条第一項の規定は、第三項の認可について準用する。

7　消費者団体訴訟等支援法人である法人は、消費者団体訴訟等支援法人でない法人と合併をする場合において、第四項の申請をしないときは、その合併がその効力を生ずる日までに、その旨を内閣総理大臣に届け出なければならない。

8　内閣総理大臣は、第二項又は前項の規定による届出があったときは、内閣府令で定めるところにより、その旨を公示するものとする。

（令四法五九本条追加）

（事業の譲渡の届出及び認可等）

第一〇四条　消費者団体訴訟等支援法人である法人が他の消費者団体訴訟等支援法人である法人に対し支援業務に係る事業の全部の譲渡をしたときは、その譲渡を受けた法人は、その譲渡をした法人のこの法律の規定による消費者団体訴訟等支援法人としての地位を承継する。

2　前項の規定によりその譲渡をした法人のこの法律の規定に

よる消費者団体訴訟等支援法人としての地位を承継した法人は、遅滞なく、その旨を内閣総理大臣に届け出なければならない。

3 消費者団体訴訟等支援法人である法人が消費者団体訴訟等支援法人でない法人に対し支援業務に係る事業の全部の譲渡をした場合には、その譲渡を受けた法人は、その譲渡について内閣総理大臣の認可がされたときに限り、その譲渡をした法人のこの法律の規定による消費者団体訴訟等支援法人としての地位を承継する。

4 前項の認可を受けようとする消費者団体訴訟等支援法人である法人及び消費者団体訴訟等支援法人でない法人は、共同して、その譲渡の日の九十日前から六十日前までの間（以下この項において「認可申請期間」という。）に、内閣総理大臣に認可の申請をしなければならない。ただし、災害その他やむを得ない事由により認可申請期間にその申請をすることができないときは、この限りでない。

5 前項の申請があった場合において、その譲渡の日までにその申請に対する処分がされないときは、その譲渡を受けた法人は、その処分がされるまでの間は、その譲渡をした法人のこの法律の規定による消費者団体訴訟等支援法人としての地位を承継しているものとみなす。

6 第九十八条（第二項を除く。）、第九十九条、第百条及び第百一条第一項の規定は、第三項の認可について準用する。

7 消費者団体訴訟等支援法人である法人は、消費者団体訴訟等支援法人でない法人に対し支援業務に係る事業の全部の譲渡をする場合において、第四項の申請をしないときは、その譲渡の日までに、その旨を内閣総理大臣に届け出なければならない。

8 内閣総理大臣は、第二項又は前項の規定による届出があったときは、内閣府令で定めるところにより、その旨を公示するものとする。

〔令四法五九本条追加〕

（解散の届出等）

第一〇五条　消費者団体訴訟等支援法人が次の各号に掲げる場合のいずれかに該当することとなったときは、当該各号に定める者は、遅滞なく、その旨を内閣総理大臣に届け出なければならない。

一　破産手続開始の決定により解散した場合　破産管財人

二　合併及び破産手続開始の決定以外の理由により解散した場合　清算人

三　支援業務を廃止した場合　法人の代表者

2 内閣総理大臣は、前項の規定による届出があったときは、内閣府令で定めるところにより、その旨を公示するものとする。

〔令四法五九本条追加〕

（支援認定の失効）

第一〇六条　消費者団体訴訟等支援法人について、次の各号のいずれかに掲げる事由が生じたときは、支援認定は、その効力を失う。

一　消費者団体訴訟等支援法人である法人が消費者団体訴訟等支援法人でない法人と合併をした場合において、その合併が第百三条第三項の認可を経ずにその効力を生じたとき（同条第五項に規定する場合にあっては、その合併の不認可処分がされたとき）。

二　消費者団体訴訟等支援法人である法人が消費者団体訴訟等支援法人でない法人に対し支援業務に係る事業の全部の譲渡をした場合において、その譲渡が第百四条第三項の認可を経ずにされたとき（同条第五項に規定する場合にあっては、その譲渡の不認可処分がされたとき）。

三　消費者団体訴訟等支援法人が前条第一項各号に掲げる場合のいずれかに該当することとなったとき。

〔令四法五九本条追加〕

第二節　支援業務等

（秘密保持義務）

第一〇七条　消費者団体訴訟等支援法人の役員若しくは職員又はこれらの職にあった者は、正当な理由がなく、支援業務に関して知り得た秘密を漏らしてはならない。

〔令四法五九本条追加〕

（業務の範囲及び区分経理）

第一〇八条　消費者団体訴訟等支援法人は、その行う支援業務に支障がない限り、定款の定めるところにより、支援業務以外の業務を行うことができる。

2　消費者団体訴訟等支援法人は、次に掲げる業務に係る経理をそれぞれ区分して整理しなければならない。

一　支援業務

二　適格消費者団体又は特定適格消費者団体を支援する活動に係る業務（前号に掲げる業務を除く。）

三　前二号に掲げる業務以外の業務

〔令四法五九本条追加〕

第三節　監督

（帳簿書類の作成及び保存）

第一〇九条　消費者団体訴訟等支援法人は、内閣府令で定めるところにより、その業務及び経理に関する帳簿書類を作成し、これを保存しなければならない。

〔令四法五九本条追加〕

（財務諸表等の作成、備置き及び提出）

第一一〇条　消費者団体訴訟等支援法人は、毎事業年度終了後三月以内に、その事業年度の財産目録等及び事業報告書（これらの作成に代えて電磁的記録の作成がされている場合における当該電磁的記録を含む。次項第四号及び第百二十二条第十一号において「財務諸表等」という。）を作成しなければならない。

2　消費者団体訴訟等支援法人の事務所には、内閣府令で定めるところにより、次に掲げる書類を備え置かなければならない。

一　定款
二　業務規程
三　役職員名簿
四　財務諸表等
五　経理に関する内閣府令で定める事項を記載した書類
六　支援業務以外の業務を行う場合には、その業務の種類及び概要を記載した書類

3　消費者団体訴訟等支援法人は、毎事業年度終了後三月以内に、前項第三号及び第四号に掲げる書類を内閣総理大臣に提出しなければならない。

〔令四法五九本条追加〕

（報告及び立入検査）

第一一一条　内閣総理大臣は、この章の規定の施行に必要な限度において、消費者団体訴訟等支援法人に対し、その業務若しくは経理の状況に関し報告をさせ、又はその職員に、消費者団体訴訟等支援法人の事務所に立ち入り、業務の状況若しくは帳簿、書類その他の物件を検査させ、若しくは関係者に質問させることができる。

2　前項の規定により職員が立ち入るときは、その身分を示す証明書を携帯し、関係者に提示しなければならない。

3　第一項に規定する立入検査の権限は、犯罪捜査のために認められたものと解してはならない。

〔令四法五九本条追加〕

（適合命令及び改善命令）

第一一二条　内閣総理大臣は、消費者団体訴訟等支援法人が、第九十八条第一項各号に掲げる要件のいずれかに適合しなくなったと認めるときは、当該消費者団体訴訟等支援法人に対し、これらの要件に適合するために必要な措置をとるべきことを命ずることができる。

2　内閣総理大臣は、前項に定めるもののほか、消費者団体訴訟等支援法人が第九十八条第四項第三号から第六号までのいずれかに該当するに至ったと認めるとき、消費者団体訴訟等支援法人又はその役員若しくは職員が支援業務の遂行に関しこの法律の規定に違反したと認めるとき、その他消費者団体訴訟等支援法人の業務の適正な運営を確保するため必要があると認めるときは、当該消費者団体訴訟等支援法人に対し、人的体制の改善、違反の停止、業務規程の変更その他の業務の運営の改善に必要な措置をとるべきことを命ずることができる。

〔令四法五九本条追加〕

（支援認定の取消し等）

第一一三条　内閣総理大臣は、消費者団体訴訟等支援法人について、次の各号のいずれかに掲げる事由があるときは、支援認定を取り消すことができる。

一　偽りその他不正の手段により支援認定又は第百三条第三項若しくは第百四条第三項の認可を受けたとき。
二　特定非営利活動促進法第四十三条第一項又は第二項の

規定により設立の認証を取り消されたとき。
三　第九十八条第一項各号に掲げる要件のいずれかに該当しなくなったとき。
四　第九十八条第四項各号（第二号を除く。）のいずれかに該当するに至ったとき。
五　支援業務の実施に関し、対象消費者等の利益に著しく反する行為をしたと認められるとき。
六　前各号に掲げるもののほか、この法律若しくはこの法律に基づく命令の規定又はこれらの規定に基づく処分に違反したとき。
2　内閣総理大臣は、前項各号に掲げる事由により支援認定を取り消したときは、内閣府令で定めるところにより、その旨及びその取消しをした日を公示するとともに、当該消費者団体訴訟等支援法人に対し、その旨を書面により通知するものとする。

〔令四法五九本条追加〕

第五章　雑則〔令四法五九本章追加〕

（官公庁等への協力依頼）

第一一四条　内閣総理大臣は、この法律の実施のため必要があると認めるときは、官庁、公共団体その他の者に照会し、又は協力を求めることができる。

〔令四法五九本条追加〕

解説　改正前は、特定適格消費者団体の章の中の補則において定められていたもの（改正前八九条）であるが、消費者団体訴訟等支援法人制度の導入に伴い、独立した章で共通にまとめて定められることになった。

（権限の委任）

第一一五条　内閣総理大臣は、前二章及び前条の規定による権限（政令で定めるものを除く。）を消費者庁長官に委任する。

〔令四法五九本条追加〕

解説　改正前は、特定適格消費者団体の章の中の補則において定められていたもの（改正前九三条）であるが、消費者団体訴訟等支援法人制度の導入に伴い、独立した章で共通にまとめて定められることになった。

第六章　罰則〔令四法五九章数繰下（旧四章）〕

第一一六条　特定適格消費者団体の役員、職員又は専門委員が、特定適格消費者団体の被害回復裁判手続に係る相手方から、寄附金、賛助金その他名目のいかんを問わず、当該特定適格消費者団体における次に掲げる行為の報酬として、金銭その他の財産上の利益を受け、又は第三者（当該特定適格消費者団体を含む。）に受けさせたときは、三年以下の拘禁刑又は三百万円以下の罰金に処する。

一　共通義務確認の訴えの提起、簡易確定手続開始の申立て、債権届出、簡易確定手続若しくは異議後の訴訟に関する民事執行の申立て又は第六十一条第一項の申立てをしないこと又はしなかったこと。

二　第三十四条第一項又は第五十七条第一項の授権に係る債権に係る裁判外の和解をすること又はしたこと。

三　被害回復裁判手続を終了させること又は終了させたこと。

2 前項の利益を供与した者も、同項と同様とする。

3 第一項の場合において、犯人又は情を知った第三者が受けた財産上の利益は、没収する。その全部又は一部を没収することができないときは、その価額を追徴する。

4 第一項の罪は、日本国外においてこれらの罪を犯した者にも適用する。

5 第二項の罪は、刑法（明治四十年法律第四十五号）第二条の例に従う。〔本条改正の施行は、令四法六八施行日〕

第一一六条〔改正施行日前まで、一項中「拘禁刑」は「懲役」〕

〔令四法五九第一項改正・条数繰下（旧九四条）〕

解説 文言上の整理と引用条番号ずれの処理が行われた。

第一一七条　偽りその他不正の手段により特定認定、第七十五条第二項の有効期間の更新、第七十七条第三項、第七十八条第三項、第百三条第三項若しくは第百四条第三項の認可又は支援認定を受けたときは、当該違反行為をした者は、百万円以下の罰金に処する。

2 次の各号のいずれかに該当する者は、百万円以下の罰金に処する。

一　第八十六条の規定に違反して、被害回復関係業務に関して知り得た秘密を漏らした者

二　第百七条の規定に違反して、支援業務に関して知り得た秘密を漏らした者

〔令四法五九第一項・二項改正・条数繰下（旧九五条）〕

解説 消費者団体訴訟等支援法人の制度の導入に伴って、罰則の整備が行われたほか、引用条番号ずれの処理が行われた。

第一一八条　次の各号のいずれかに該当する場合には、当該違反行為をした者は、五十万円以下の罰金に処する。

一　第七十二条第一項（第七十五条第七項、第七十七条第六項及び第七十八条第六項において準用する場合を含む。）若しくは第九十九条第一項（第百三条第六項及び第百四条第六項において準用する場合を含む。）の申請書又は第七十二条第二項各号（第七十五条第七項、第七十七条第六項及び第七十八条第六項において準用する場合を含む。）若しくは第九十九条第二項各号（第百三条第六項及び第百四条第六項において準用する場合を含む。）に掲げる書類に虚偽の記載をして提出したとき。

二　第七十四条第三項の規定に違反して、特定適格消費者団体であると誤認されるおそれのある文字をその名称中に用い、又はその業務に関し、特定適格消費者団体であると誤認されるおそれのある表示をしたとき。

三　第百一条第三項の規定に違反して、消費者団体訴訟等支援法人であると誤認されるおそれのある文字をその名称中に用い、又はその業務に関し、消費者団体訴訟等支援法人であると誤認されるおそれのある表示をしたとき。

四　第百九条の規定に違反して、帳簿書類の作成若しくは保存をせず、又は虚偽の帳簿書類の作成をしたとき。

五　第百十一条第一項の規定による報告をせず、若しくは虚偽の報告をし、又は同項の規定による検査を拒み、妨げ、若しくは忌避し、若しくは同項の規定による質問に対して陳述をせず、若しくは虚偽の陳述をしたとき。

（令四法五九本条改正・条数繰下（旧九六条））

解説

消費者団体訴訟等支援法人の制度の導入に伴って、罰則の整備が行われたほか、引用条番号ずれの処理が行われた。

第一一九条　法人（法人でない団体で代表者又は管理人の定めのあるものを含む。以下この項において同じ。）の代表者若しくは管理人又は法人若しくは人の代理人、使用人その他の従業者が、その法人又は人の業務に関して、第百十六条、第百十七条第一項又は前条の違反行為をしたときは、行為者を罰するほか、その法人又は人に対しても、各本条の罰金刑を科する。

2　法人でない団体について前項の規定の適用がある場合には、その代表者又は管理人が、その訴訟行為につき法人でない団体を代表するほか、法人を被告人又は被疑者とする場合の刑事訴訟に関する法律の規定を準用する。

（令四法五九第一項改正・条数繰下（旧九七条））

解説

引用条番号ずれの処理が行われた。

第一二〇条　次の各号のいずれかに該当する者は、百万円以下の過料に処する。
一　第十五条の規定に違反して、正当な理由がないのに簡易確定手続開始の申立てを怠った者
二　第三十六条第一項の規定に違反して、やむを得ない理由がないのに簡易確定手続授権契約の締結を拒んだ者
三　第三十六条第二項の規定に違反して、やむを得ない理由がないのに簡易確定手続授権契約を解除した者

（令四法五九本条改正・条数繰下（旧九八条））

解説
引用条番号ずれの処理が行われた。

第一二一条　次の各号のいずれかに該当する者は、五十万円以下の過料に処する。
一　第二十六条第一項、第二項前段若しくは第三項の規定による公告をすることを怠り、又は不正の通知をした者
二　第二十六条第二項前段若しくは第二十七条第一項の規定による通知をすることを怠り、又は不正の通知をした者

（令四法五九本条改正・条数繰下（旧九九条））

解説
引用条番号ずれの処理が行われた。

第一二二条　次の各号のいずれかに該当する者は、三十万円以下の過料に処する。
一　第五十七条第四項の規定に違反して、正当な理由がないのに訴訟授権契約の締結を拒んだ者
二　第五十七条第五項の規定に違反して、正当な理由がないのに訴訟授権契約を解除した者
三　第七十四条第二項又は第百一条第二項の規定による掲示をせず、又は虚偽の掲示をした者
四　第七十六条、第七十七条第二項若しくは第七項、第七十八条第二項若しくは第七項、第七十九条第一項、第百二条、第百三条第二項若しくは第七項、第百四条第二項若しくは第七項又は第百五条第一項の規定による届出をせず、又は虚偽の届出をした者
五　第八十四条第一項前段の規定による通知若しくは報告をせず、又は虚偽の通知若しくは報告をした者
六　第八十五条第二項の規定に違反して、消費者の被害に関する情報を利用した者
七　第八十七条の規定に違反して、同条の請求を拒んだ者
八　第九十三条第九項の規定による被害回復関係業務の引継ぎを怠った者
九　第九十六条第二項の規定に違反して、書類を同項に定める目的以外の目的のために利用し、又は提供した者
十　第九十七条第二項の規定に違反して、情報を同項に定める目的以外の目的のために利用し、又は提供した者

十一　第百十条第一項の規定に違反して、財務諸表等を作成せず、又はこれに記載し、若しくは記録すべき事項を記載せず、若しくは記録せず、若しくは虚偽の記載若しくは記録をした者

十二　第百十条第二項の規定に違反して、書類を備え置かなかった者

十三　第百十条第三項の規定に違反して、書類を提出せず、又は書類に虚偽の記載若しくは記録をして提出した者

〔令四法五九本条改正・条数繰下（旧一〇〇条）〕

解説　消費者団体訴訟等支援法人の制度の導入に伴って、罰則の整備が行われたほか、引用条番号ずれの処理が行われた。

附　則〔省略〕

別表（第五十三条関係）☆

第九十一条の三	交付し、又は当該事項を記録した電磁的記録であって裁判所書記官が最高裁判所規則で定める方法により当該事項を証明したものを最高裁判所規則で定める電子情報処理組織を使用してその者の使用に係る電子計算機に備えられたファイルに記録する方法その他の最高裁判所規則で定める方法により提供する	交付する
第百十二条第一項本文	前条の規定による措置を開始した	裁判所書記官が送達すべき書類を保管し、いつでも送達を受けるべき者に交付すべき旨の裁判所の掲示場への掲示を始めた
第百十二条第一項ただし書	前条の規定による措置を開始した	当該掲示を始めた
第百十三条	書類又は電磁的記録	書類
	記載又は記録	記載
	第百十一条の規定による措置を開始した	裁判所書記官が送達すべき書類を保管し、いつでも送達を受けるべき者に交付すべき旨の裁判所の掲示場への掲示を始めた
第百二十八条第二項	第二百五十五条（第三百七十四条第二項において準用する場合を含む。以下この項において同じ。）の規定による第二百五十五条第一項に規定する電子判決書又は電子調書	簡易確定決定の決定書
第百五十一条第二項及び第	方法又は最高裁判所規則で定める電子情報処理組織	方法

二百三十一条の二第二項	を使用する方法	
第百六十条第一項	最高裁判所規則で定めるところにより、電子調書（期日又は期日外における手続の方式、内容及び経過等の記録及び公証をするためにこの法律その他の法令の規定により裁判所書記官が作成する電磁的記録をいう。以下同じ。）	調書
第百六十条第三項	前項の規定によりファイルに記録された電子調書の内容に	調書の記載について
第百六十条第四項	第二項の規定によりファイルに記録された電子調書	調書
	当該電子調書	調書
第百六十条の二第一項	前条第二項の規定によりファイルに記録された電子調書の内容	調書の記載
第百六十条の二第二項	その旨をファイルに記録して	調書を作成して
第二百五条第三項	事項又は前項の規定によりファイルに記録された事項若しくは同項の記録媒体に記録された事項	事項
第二百十五条第四項	事項又は第二項の規定によりファイルに記録された事項若しくは同項の記録媒体に記録された事項	事項
第二百十八条第一項	規定を準用する	規定（第二百十五条第二項を除く。）を準用する。この場合において、同条第四項中「事項又は第二項の規定によりファイルに記録された事項若しくは同項の記録媒体に記録された事項」とあるのは、「事項」と読み替えるものとする

第二百三十一条の三第二項	若しくは送付し、又は最高裁判所規則で定める電子情報処理組織を使用する	又は送付する
第二百五十二条第一項	記録した電磁的記録（以下「電子判決書」という。）	記載した裁判書
第二百六十七条第一項	について電子調書を作成し、これをファイルに記録した	を調書に記載した
	その記録	その記載
第二百六十七条の二第一項	規定によりファイルに記録された電子調書	調書

〔本表追加の施行は、令四法四八〈四年内〉施行日〕

附　則〔抄〕

（令和四年五月二五日法律第四八号）

（施行期日）

第一条　この法律は、公布の日から起算して四年を超えない範囲内において政令で定める日から施行する。ただし、次の各号に掲げる規定は、当該各号に定める日から施行する。

一　〔省略〕

二　〔前略〕第百十七条の規定　公布の日から起算して九月を超えない範囲内において政令で定める日〔令四政三八四により、令五・二・二〇〕

三　〔省略〕

四　〔前略〕附則第百十八条中消費者の財産的被害等の集団的な回復のための民事の裁判手続の特例に関する法律（平成二十五年法律第九十六号）第五十三条の改正規定（「第八十七条」の下に「、第八十七条の二」を加える部分に限る。）　公布の日から起算して二年を超えない範囲内において政令で定める日

五　〔省略〕

附　則〔抄〕

（令和四年六月一日法律第五九号）

（施行期日）

第一条　この法律は、公布の日から起算して一年を経過した日〔令五・六・二〕から施行する。ただし、次の各号に掲げる規定は、当該各号に定める日から施行する。

一　〔前略〕第二条の規定〔中略〕並びに附則第三条、第四条〔中略〕の規定　公布の日から起算して一年六月を超えない範囲内において政令で定める日〔令五政四により、令五・一〇・一〕

二　附則第五条の規定　公布の日

（消費者の財産的被害の集団的な回復のための民事の裁判手続の特例に関する法律の一部改正に伴う経過措置）

第三条　第二条の規定による改正後の消費者の財産的被害等の集団的な回復のための民事の裁判手続の特例に関する法律（以下この条において「新消費者裁判手続特例法」という。）第三条第一項及び第三項（第三号に係る部分に限る。）の規定は、第一号施行日以後に行われた加害行為に係る請求に係る金銭の支払義務について適用し、第一号施行日前に行われた加害行為に係る請求に係る金銭の支払義務については、なお従前の例による。

2　新消費者裁判手続特例法第三条第二項（第六号に係る部分に限る。）の規定は、第一号施行日以後に締結された新消費者裁判手続特例法第二条第三号に規定する消費者契約に関する請求（新消費者裁判手続特例法第三条第一項第四号及び第五号に掲げる請求については、第一号施行日以後に行われた加害行為に係る請求）に係る金銭の支払義務について適用し、第一号施行日前に締結された第二条の規定による改正前の消費者の財産的被害の集団的な回復のための民事の裁判手続の特例に関する法律（以下この条において「旧消費者裁判手続特例法」という。）第二条第三号に規定する消費者契約に関する請求（旧消費者裁判手続特例法第三条第一項第四号に掲げる請求については、第一号施行日前に行われた加害行為に係る請求）に係る金銭の支払義務については、なお従前の例による。

3　新消費者裁判手続特例法第十三条、第十五条、第十六条及び第九十三条第二項の規定は、第一号施行日以後に終了する共通義務確認訴訟の結果を前提とする簡易確定手続開始の申立てについて適用し、第一号施行日前に終了した共通義務確認訴訟の結果を前提とする簡易確定手続開始の申立てについては、なお従前の例による。

4　新消費者裁判手続特例法第六十八条の規定は、第一号施行日以後に同条の表の中欄に掲げる日が到来する対象債権について適用する。

5　第一号施行日において現に特定認定（旧消費者裁判手続特例法第六十五条第一項に規定する特定認定をいう。以下この項及び次項において同じ。）を受けている者に係る当該特定認定の有効期間については、なお従前の例による。

6　新消費者裁判手続特例法第七十五条第七項後段の規定は、第一号施行日以後にされる同条第三項の申請について適用し、第一号施行日前にされた旧消費者裁判手続特例法第六十九条第三項の申請に係る特定認定の有効期間の更新の要件及び申請書に添付すべき書類については、なお従前の例による。

7　新消費者裁判手続特例法第七十七条第四項の規定は、第一号施行日以後にされる同項の申請について適用し、第一号施行日前にされた旧消費者裁判手続特例法第七十一条第四項の申請については、なお従前の例による。

8　新消費者裁判手続特例法第七十八条第四項の規定は、第一

号施行日以後にされる同項の申請について適用し、第一号施行日前にされた旧消費者裁判手続特例法第七十二条第四項の申請については、なお従前の例による。

（罰則に関する経過措置）

第四条　第一号施行日前にした行為及びこの附則（附則第二条第二項を除く。）の規定によりなお従前の例によることとされる場合における第一号施行日以後にした行為に対する罰則の適用については、なお従前の例による。

（政令への委任）

第五条　前三条に定めるもののほか、この法律の施行に伴い必要な経過措置（罰則に関する経過措置を含む。）は、政令で定める。

（検討）

第六条　政府は、この法律の施行後五年を経過した場合において、この法律による改正後の規定の施行の状況について検討を加え、必要があると認めるときは、その結果に基づいて必要な措置を講ずるものとする。

附　則〔抄〕（令和四年六月一七日法律第六八号）

（施行期日）

1　この法律は、刑法等一部改正法施行日から施行する。〔後略〕

附　則〔抄〕（令和四年一二月一六日法律第九九号）

（施行期日）

第一条　この法律は、公布の日から起算して二十日を経過した日〔令五・一・五〕から施行する。

●法人等による寄附の不当な勧誘の防止等に関する法律

（令和四年一二月一六日法律第一〇五号）

施行、令五・一・五〔一部につき、附則参照〕

目次

第一章　総則（第一条・第二条）
第二章　寄附の不当な勧誘の防止
　第一節　配慮義務（第三条）
　第二節　禁止行為（第四条・第五条）
　第三節　違反に対する措置等（第六条・第七条）
第三章　寄附の意思表示の取消し等（第八条―第十条）
第四章　法人等の不当な勧誘により寄附をした者等に対する支援（第十一条）
第五章　雑則（第十二条―第十五条）
第六章　罰則（第十六条―第十八条）
附則

第一章　総則

（目的）

第一条　この法律は、法人等（法人又は法人でない社団若しくは財団で代表者若しくは管理人の定めがあるものをいう。以下同じ。）による不当な寄附の勧誘を禁止するとともに、当該勧誘を行う法人等に対する行政上の措置等を定めることにより、消費者契約法（平成十二年法律第六十一号）とあいまって、法人等からの寄附の勧誘を受ける者の保護を図ることを目的とする。

（定義）

第二条　この法律において「寄附」とは、次に掲げるものをいう。

一　個人（事業のために契約の当事者となる場合又は単独行為をする場合におけるものを除く。以下同じ。）と法人等との間で締結される次に掲げる契約

イ　当該個人が当該法人等に対し無償で財産に関する権利を移転することを内容とする契約（当該財産又はこれと種類、品質及び数量の同じものを返還することを約するものを除く。ロにおいて同じ。）

ロ　当該個人が当該法人等に対し当該法人等以外の第三者に無償で当該個人の財産に関する権利を移転することを委託することを内容とする契約

二　個人が法人等に対し無償で財産上の利益を供与する単独行為

第二章　寄附の不当な勧誘の防止

第一節　配慮義務

第三条　法人等は、寄附の勧誘を行うに当たっては、次に掲げる事項に十分に配慮しなければならない。
一　寄附の勧誘が個人の自由な意思を抑圧し、その勧誘を受ける個人が寄附をするか否かについて適切な判断をすることが困難な状態に陥ることがないようにすること。
二　寄附により、個人又はその配偶者若しくは親族（当該個人が民法（明治二十九年法律第八十九号）第八百七十七条から第八百八十条までの規定により扶養の義務を負う者に限る。第五条において同じ。）の生活の維持を困難にすることがないようにすること。
三　寄附の勧誘を受ける個人に対し、当該寄附の勧誘を行う法人等を特定するに足りる事項を明らかにするとともに、寄附される財産の使途について誤認させるおそれがないようにすること。

第二節　禁止行為

（寄附の勧誘に関する禁止行為）
第四条　法人等は、寄附の勧誘をするに際し、次に掲げる行為をして寄附の勧誘を受ける個人を困惑させてはならない。
一　当該法人等に対し、当該個人が、その住居又はその業務を行っている場所から退去すべき旨の意思を示したにもかかわらず、それらの場所から退去しないこと。
二　当該法人等が当該寄附の勧誘をしている場所から当該個人が退去する旨の意思を示したにもかかわらず、その場所から当該個人を退去させないこと。
三　当該個人に対し、当該寄附について勧誘をすることを告げずに、当該個人が任意に退去することが困難な場所であることを知りながら、当該個人をその場所に同行し、その場所において当該寄附の勧誘をすること。
四　当該個人が当該寄附の勧誘を受けている場所において、当該個人が当該寄附をするか否かについて相談を行うために電話その他の内閣府令で定める方法によって当該法人等以外の者と連絡する旨の意思を示したにもかかわらず、威迫する言動を交えて、当該個人が当該方法によって連絡することを妨げること。
五　当該個人が、社会生活上の経験が乏しいことから、当該寄附の勧誘を行う者に対して恋愛感情その他の好意の感情を抱き、かつ、当該勧誘を行う者も当該個人に対して同様の感情を抱いているものと誤信していることを知りながら、これに乗じ、当該寄附をしなければ当該勧誘を行う者との関係が破綻することになる旨を告げること。
六　当該個人に対し、霊感その他の合理的に実証することが困難な特別な能力による知見として、当該個人又はその親族の生命、身体、財産その他の重要な事項について、そのままでは現在生じ、若しくは将来生じ得る重大な不利益を回避することができないとの不安をあおり、又はそのような不安を抱いていることに乗じて、その重大な不利益を回避するためには、当該寄附をすることが必要不可欠である旨を告げること。

（借入れ等による資金調達の要求の禁止）

第五条 法人等は、寄附の勧誘をするに際し、寄附の勧誘を受ける個人に対し、借入れにより、又は次に掲げる財産を処分することにより、寄附をするための資金を調達することを要求してはならない。

一 当該個人又はその配偶者若しくは親族が現に居住の用に供している建物又はその敷地

二 現に当該個人が営む事業（その継続が当該個人又はその配偶者若しくは親族の生活の維持に欠くことのできないものに限る。）の用に供している土地若しくは土地の上に存する権利又は建物その他の減価償却資産（所得税法（昭和四十年法律第三十三号）第二条第一項第十九号に規定する減価償却資産をいう。）であって、当該事業の継続に欠くことのできないもの（前号に掲げるものを除く。）

第三節 違反に対する措置等

（配慮義務の遵守に係る勧告等）

第六条 内閣総理大臣は、法人等が第三条の規定を遵守していないため、当該法人等から寄附の勧誘を受ける個人の権利の保護に著しい支障が生じていると明らかに認められる場合において、更に同様の支障が生ずるおそれが著しいと認めるときは、当該法人等に対し、遵守すべき事項を示して、これに従うべき旨を勧告することができる。

2 内閣総理大臣は、前項の規定による勧告をした場合において、その勧告を受けた法人等がこれに従わなかったときは、その旨を公表することができる。

3 内閣総理大臣は、第一項の規定による勧告をするために必要な限度において、法人等に対し、第三条各号に掲げる事項に係る配慮の状況に関し、必要な報告を求めることができる。

（禁止行為に係る報告、勧告等）

第七条 内閣総理大臣は、第四条及び第五条の規定の施行に関し特に必要と認めるときは、その必要の限度において、法人等に対し、寄附の勧誘に関する業務の状況に関し、必要な報告を求めることができる。

2 内閣総理大臣は、法人等が不特定又は多数の個人に対して第四条又は第五条の規定に違反する行為をしていると認められる場合において、引き続き当該行為をするおそれが著しいと認めるときは、当該法人等に対し、当該行為の停止その他の必要な措置をとるべき旨の勧告をすることができる。

3 内閣総理大臣は、前項の規定による勧告を受けた法人等が、正当な理由がなくてその勧告に係る措置をとらなかったときは、当該法人等に対し、その勧告に係る措置をとるべきことを命ずることができる。

4内閣総理大臣は、前項の規定による命令をしたときは、その旨を公表しなければならない。

第三章　寄附の意思表示の取消し等

（寄附の意思表示の取消し）

第八条　個人は、法人等が寄附の勧誘をするに際し、当該個人に対して第四条各号に掲げる行為をしたことにより困惑し、それによって寄附に係る契約の申込み若しくはその承諾の意思表示又は単独行為をする旨の意思表示（以下「寄附の意思表示」と総称する。）をしたときは、当該寄附の意思表示（当該寄附が消費者契約（消費者契約法第二条第三項に規定する消費者契約をいう。第十条第一項第二号において同じ。）に該当する場合における当該消費者契約の申込み又はその承諾の意思表示を除く。次項及び次条において同じ。）を取り消すことができる。

2前項の規定による寄附の意思表示の取消しは、これをもって善意でかつ過失がない第三者に対抗することができない。

3前二項の規定は、法人等が第三者に対し、当該法人等と個人との間における寄附について媒介をすることの委託（以下この項において単に「委託」という。）をし、当該委託を受けた第三者（その第三者から委託（二以上の段階にわたる委託を含む。）を受けた者を含む。次項において「受託者等」という。）が個人に対して第一項に規定する行為をした場合について準用する。

4寄附に係る個人の代理人（復代理人（二以上の段階にわたり復代理人として選任された者を含む。）を含む。以下この項において同じ。）、法人等の代理人及び受託者等の代理人は、第一項（前項において準用する場合を含む。以下同じ。）の規定の適用については、それぞれ個人、法人等及び受託者等とみなす。

（取消権の行使期間）

第九条　前条第一項の規定による取消権は、追認をすることができる時から一年間（第四条第六号に掲げる行為により困惑したことを理由とする同項の規定による取消権については、三年間）行わないときは、時効によって消滅する。寄附の意思表示をした時から五年（同号に掲げる行為により困惑したことを理由とする同項の規定による取消権については、十年）を経過したときも、同様とする。

（扶養義務等に係る定期金債権を保全するための債権者代位権の行使に関する特例）

第一〇条　法人等に寄附（金銭の給付を内容とするものに限る。以下この項において同じ。）をした個人の扶養義務等に係る定期金債権の債権者は、民法第四百二十三条第二項本文の規定にかかわらず、当該定期金債権のうち確定期限の到来していない部分を保全するため必要があるときは、当該個人である債務者に属する当該寄附に関する次に掲げる権利を行使することができる。

一　第八条第一項の規定による取消権

二　債務者がした寄附に係る消費者契約の申込み又はその承諾の意思表示に係る消費者契約法第四条第三項（第一号から第四号まで、第六号又は第八号に係る部分に限る。）（同法第五条第一項において準用する場合を含む。）の規定による取消権

三　前二号の取消権を行使したことにより生ずる寄附による給付の返還請求権

2 前項（第三号に係る部分に限る。）の場合において、同項の扶養義務等に係る定期金債権のうち確定期限が到来していない部分については、民法第四百二十三条の三前段の規定は、適用しない。この場合において、債権者は、当該法人等に当該確定期限が到来していない部分に相当する金額を債務者のために供託させることができる。

3 前項後段の規定により供託をした法人等は、遅滞なく、第一項第三号に掲げる権利を行使した債権者及びその債務者に供託の通知をしなければならない。

4 この条において「扶養義務等に係る定期金債権」とは、次に掲げる義務に係る確定期限の定めのある定期金債権をいう。

一　民法第七百五十二条の規定による夫婦間の協力及び扶助の義務

二　民法第七百六十条の規定による婚姻から生ずる費用の分担の義務

三　民法第七百六十六条（同法第七百四十九条、第七百七十一条及び第七百八十八条において準用する場合を含む。）の規定による子の監護に関する義務

四　民法第八百七十七条から第八百八十条までの規定による扶養の義務

第四章　法人等の不当な勧誘により寄附をした者等に対する支援

第一一条　国は、前条第一項各号に掲げる権利を有する者又は同項若しくは民法第四百二十三条第一項本文の規定によりこれらの権利を行使することができる者が、その権利の適切な行使により被害の回復等を図ることができるようにするため、日本司法支援センターと関係機関及び関係団体等との連携の強化を図り、利用しやすい相談体制を整備する等必要な支援に関する施策を講ずるよう努めなければならない。

第五章　雑則

（運用上の配慮）

第一二条　この法律の運用に当たっては、法人等の活動において寄附が果たす役割の重要性に留意しつつ、個人及び法人等の学問の自由、信教の自由及び政治活動の自由に十分

配慮しなければならない。

（内閣総理大臣への資料提供等）

第一三条　内閣総理大臣は、この法律の目的を達成するため必要があると認めるときは、関係行政機関の長に対し、資料の提供、説明その他必要な協力を求めることができる。

（権限の委任）

第一四条　内閣総理大臣は、第二章第三節及び前条の規定による権限（同条の規定による権限にあっては、国務大臣に対するものを除く。）を消費者庁長官に委任する。

（命令への委任）

第一五条　この法律に定めるもののほか、この法律の実施のため必要な事項は、命令で定める。

第六章　罰則

第一六条　第七条第三項の規定による命令に違反したときは、当該違反行為をした者は、一年以下の拘禁刑若しくは百万円以下の罰金に処し、又はこれを併科する。

第一七条　第七条第一項の規定による報告をせず、又は虚偽の報告をしたときは、当該違反行為をした者は、五十万円以下の罰金に処する。

第一八条　法人等の代表者若しくは管理人又は法人等の代理人、使用人その他の従業者が、その法人等の業務に関して、前二条の違反行為をしたときは、行為者を罰するほか、その法人等に対しても、各本条の罰金刑を科する。

2　法人でない社団又は財団について前項の規定の適用がある場合には、その代表者又は管理人が、その訴訟行為につき法人でない社団又は財団を代表するほか、法人を被告人又は被疑者とする場合の刑事訴訟に関する法律の規定を準用する。

附　則（抄）

（施行期日）

第一条　この法律は、公布の日から起算して二十日を経過した日（令五・一・五）から施行する。ただし、次の各号に掲げる規定は、当該各号に定める日から施行する。

一　第四条（第三号及び第四号に係る部分に限る。）及び第八条（第四条第三号及び第四号に係る部分に限る。）の規定　消費者契約法及び消費者の財産的被害の集団的な回復のための民事の裁判手続の特例に関する法律の一部を改正する法律（令和四年法律第五十九号）の施行の日（令五・六・一）

二　第五条、第二章第三節及び第六章の規定並びに附則第四条の規定　公布の日から起算して一年を超えない範囲内において政令で定める日

（経過措置）

第二条　第八条第一項の規定は、この法律の施行の日以後にされる寄附の意思表示（第四条第三号及び第四号に掲げる行為により困惑したことを理由とするものにあっては、前条第一

号に掲げる規定の施行の日以後にされる寄附の意思表示）について適用する。

第三条 消費者契約法及び消費者の財産的被害の集団的な回復のための民事の裁判手続の特例に関する法律の一部を改正する法律の施行の日の前日までの間における第十条第一項の規定の適用については、同項第二号中「から第四号まで、第六号又は第八号」とあるのは、「、第二号、第四号又は第六号」とする。

第四条 刑法等の一部を改正する法律（令和四年法律第六十七号）の施行の日（以下この条において「刑法施行日」という。）の前日までの間における第十六条の規定の適用については、同条中「拘禁刑」とあるのは、「懲役」とする。刑法施行日以後における刑法施行日前にした行為に対する同条の規定の適用についても、同様とする。

（検討）

第五条 政府は、この法律の施行後二年を目途として、この法律の規定の施行の状況及び経済社会情勢の変化を勘案し、この法律の規定について検討を加え、その結果に基づいて必要な措置を講ずるものとする。

【編著者紹介】

上原　敏夫（うえはら　としお）
一橋大学名誉教授・博士（法学）・弁護士

一九七三年　一橋大学法学部卒
一九七五年　東京大学大学院修士課程修了
一九七七年　司法修習終了、一橋大学法学部助手。その後、専任講師、助教授を経て
一九九〇年　一橋大学法学部教授
一九九九年　一橋大学大学院法学研究科教授
二〇一〇年　明治大学法科大学院教授
二〇二一年　明治大学法科大学院教授定年退職

法制審議会幹事・臨時委員（民事訴訟法部会・担保執行法部会等）・主権免除法制部会長、下級審裁判官指名諮問委員会東京地域委員会委員、最高裁判所民事規則制定諮問委員会臨時委員等を歴任

〈主な著書〉
債権執行手続の研究（一九九四年、有斐閣）
団体訴訟・クラスアクションの研究（二〇〇一年、商事法務研究会）
ハンディコンメンタール民事執行法（共著）（一九八五年、判例タイムズ社）
大コンメンタール破産法（共編著）（二〇〇七年、青林書院）
Q&A消費者団体訴訟（共著）（二〇〇七年、三省堂）
条解民事訴訟法（第二版）（共著）（二〇一一年、弘文堂）
民事訴訟法（第七版）（共著）（二〇一七年、有斐閣、初版一九九二年）
民事執行・保全法（第六版）（共著）（二〇二〇年、有斐閣、初版二〇〇四年）

松本　恒雄（まつもと　つねお）
一橋大学名誉教授・明治学院大学客員教授・弁護士

一九七四年　京都大学法学部卒
一九七六年　京都大学大学院法学研究科修士課程修了
一九七七年　同博士課程中途退学・京都大学法学部助手
一九七九年　広島大学法学部助教授、大阪市立大学法学部助教授を経て
一九九一年　一橋大学法学部教授
一九九九年　一橋大学大学院法学研究科教授
二〇一三年　独立行政法人国民生活センター理事長（二〇二〇年退任）

国民生活審議会消費者政策部会長、産業構造審議会消費経済部会長、消費者行政推進会議委員、内閣府消費者委員会委員長、東京都消費生活対策審議会会長、日本消費者法学会理事長などを歴任。

〈主な著書〉
Q＆A消費者契約法解説（共著）（二〇〇〇年、三省堂）
Q＆A公益通報者保護法解説（編著）（二〇〇六年、三省堂）
Q＆A消費者団体訴訟制度（共著）（二〇〇七年、三省堂）
新注釈民法(7)物権(4)（共著）（二〇一九年、有斐閣）
消費者被害の救済と抑止（編著）（二〇二〇年、信山社）
改正債権法コンメンタール（共編著）（二〇二〇年、法律文化社）
新基本法コンメンタール　債権1（共編著）（二〇二一年、日本評論社）
消費者六法（共編著）（二〇二三年版、民事法研究会）

新しい消費者契約法・消費者裁判手続特例法　解説＋全条文

二〇二三年四月三〇日　第一刷発行

編著者　上原　敏夫・松本　恒雄
発行者　株式会社　三省堂　代表者　瀧本多加志
印刷者　三省堂印刷株式会社
（製版　大日本法令印刷株式会社）
発行所　株式会社　三省堂
〒一〇二―八三七一　東京都千代田区麴町五丁目七番地二
電　話　（〇三）三二三〇―九四一一

〈消費者契約法全条文・240pp.〉 https://www.sanseido.co.jp/

落丁本・乱丁本はお取り替えいたします。

ISBN978-4-385-32237-7

本書の内容に関するお問い合わせは、弊社ホームページの「お問い合わせ」フォーム（https://www.sanseido.co.jp/support/）にて承ります。